# あみものノート

那須早苗

文化出版局

普段目にしているものの中に、はっと心が動く瞬間がある。そんな時は急いでカメラを取り出してシャッターを切ります。時々見返して、何に反応していたのかを確かめる。空気、色、時間、気配、聞こえていた音。その印象が強ければ強いほど、それを編みたい衝動にかられるのです。こんな糸で、色で、編み地で、こういう形を編みたい。まるで誰かの言葉に反応して言葉を放つように。

縁が重なり、編むことは私の仕事になりましたが、作品が私の言葉であることに変わりはありません。他の人と一緒に仕事をする時はまず、紙に出来上りのイメージを描き、編み地や糸を並べ、時には言葉を添えて思いを伝えます。手紙のようなそれを読んで、相手も言葉を返してくれる。それから作品を編み始めます。そうするうちに、このやり取りを楽しみにしてくれる人が現われました。その人の「これをもっとたくさんの人に見てもらったら」という一言から、この本は生まれました。手紙を束ねてみると、まるで製作過程を記したノートのようでした。

この作品を編みたい。そして、編む。私の内で弾けた感動が作品へ、本へ、本を読む人たちへと波紋のように広がってゆく。一目一目編む間、編んだものを身に着けた時、じんわりと体の中にしみ込んで、ぽっと気持ちが明るくなる。この「あみものノート」が、その一助になれたらうれしいです。ノートに広がるイメージが、あなたの編み物を、より愛着ある大切なものにしてくれることを心から願っています。

Contents

どこか遠くの森で、しんしんと降り積もる雪の情景をアラン模様に重ねてみました。斜めに入る交差模様はとても複雑に見えますが、意外な編み方に驚かれるかもしれません。緻密な模様なので着丈は少し短めに、軽やかに仕上げました。 →p.43

## Snow forest アランセーター

## Snow forest ミトン

すべてをおおいつくす雪と寒さは木々の枝すら白く包み込んでしまう。そんな景色を2色の糸を編み込んで表現してみました。一つのイメージから、いくつもの作品が生まれる。編むことにも、そんな奥深さがあるように思います。

→p.53

見上げた灰色の空から雪が舞い落ちる。そのさまを交差模様に託してマフラーを編みました。二重なので温かく、アルパカが入った糸は柔らかくて滑らかな肌触りです。衿もとにぐるぐると巻けば、冬の寒さからしっかり守ってくれます。 →p.48

## Snow forest アランマフラー

# ツイード模様のベスト

糸に様々な色が混ざり合い、ざっくりと織られたツイードの布。どこか懐かしくて新しい、そんな雰囲気を編み地に映してみました。すべり目模様のこの編み地は、ガーター編みを編みながら数目おきに目を移すだけ。淡々と繰り返す心地よさをぜひ体験してみてください。

→p.50

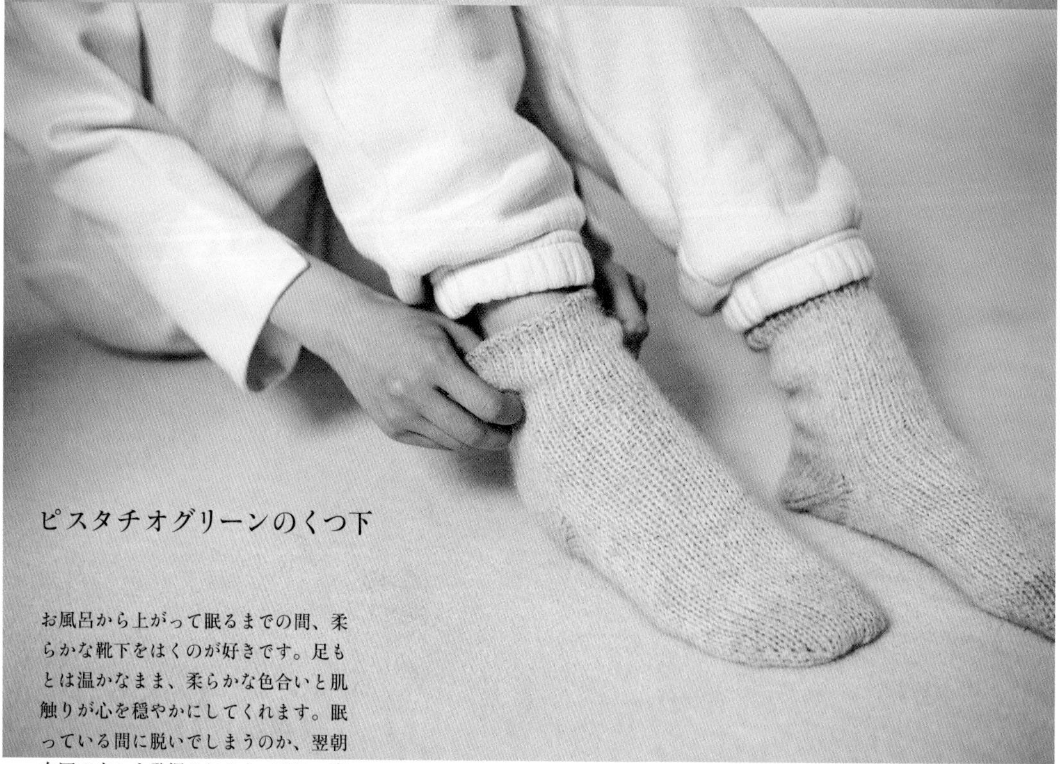

## ピスタチオグリーンのくつ下

お風呂から上がって眠るまでの間、柔らかな靴下をはくのが好きです。足もとは温かなまま、柔らかな色合いと肌触りが心を穏やかにしてくれます。眠っている間に脱いでしまうのか、翌朝布団の中から発掘されるくつ下は、寝ぼけたままの私みたい。 →p.52

細糸3本―黄緑のモヘア、緑、白のウールを引きそろえて、シンプルなセーターを編みました。各糸が気まぐれなリズムで編み地の表にあらわれるさまは、見渡す限り広がる草原のよう。草と一緒に風に吹かれている時の心地よさ、穏やかな気持ちに包まれたい日のセーターです。 →p.60

## 草原のセーター

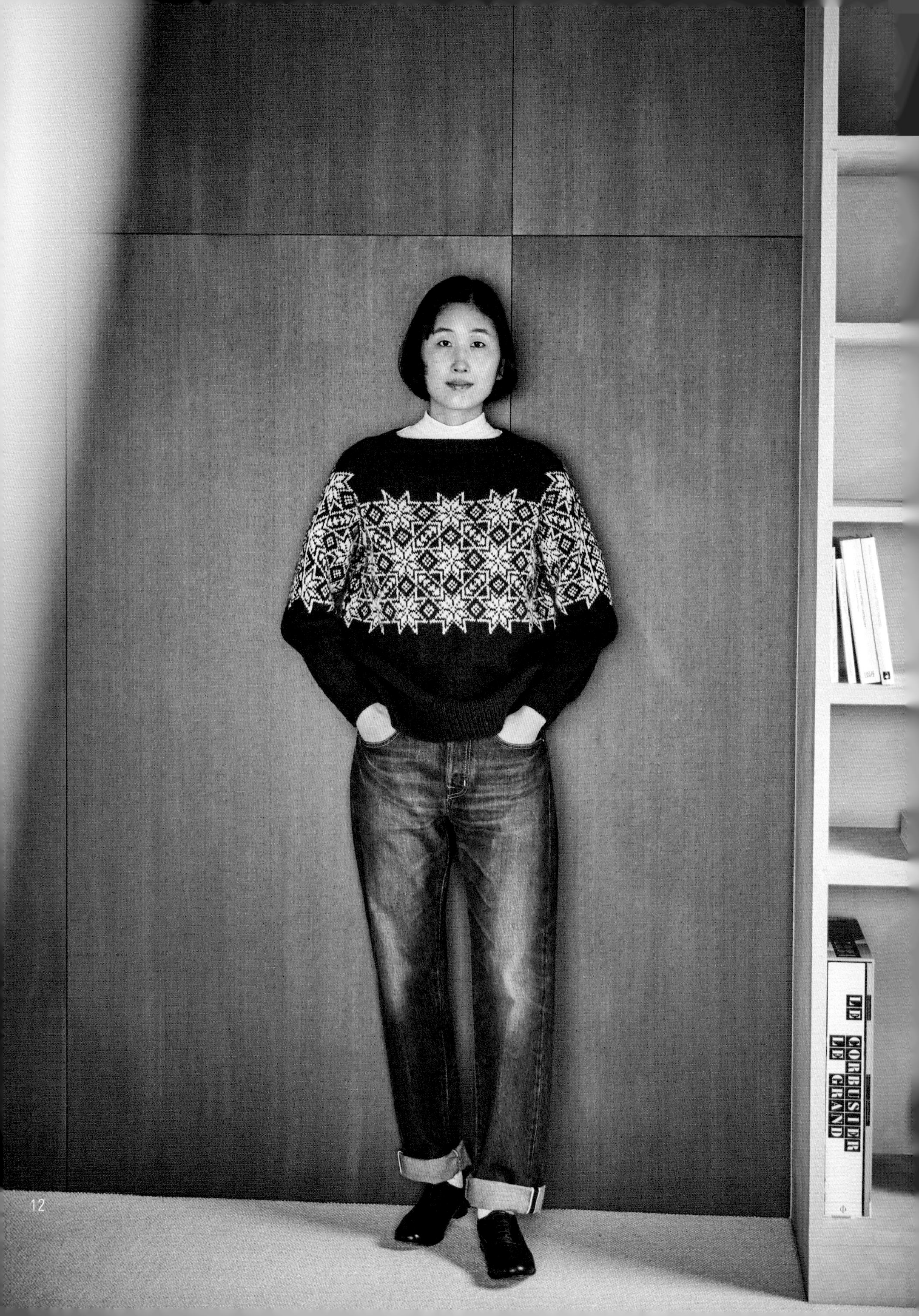
LE CORBUSIER
LE GRAND

古布に刺繍された緻密な星々のパターン。その繊細な手仕事を見ると「編む」ことでなぞりたい衝動にかられます。模様を忠実に再現しながらも現代の感覚と呼応できるものを。そこには普遍的な美しさがあると思うのです。長く着続けたい一着をシェットランドウールで編んでみました。 →p.55

## 星のセーター

オープンワーク刺繡の小さなドットがちりばめられた軽やかな綿のレース。いつからか心にあったそのイメージを、透し模様に重ねてみました。模様がきれいに見えるようショールの丈は短めにしています。ウールコットンのさらさらとした感触が肌にやさしいショールです。

→p.62

## ドットレースショール

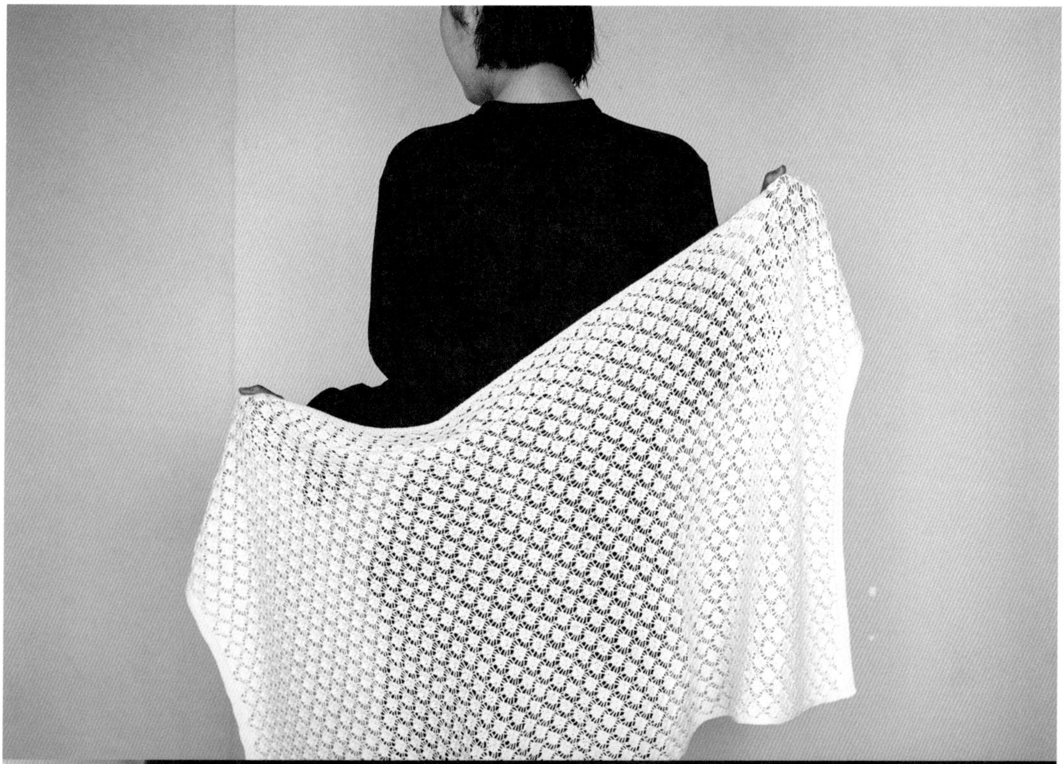

盛夏を乗り越えた秋の庭は、次第に深みのある色合いに変化していきます。その景色をツイードとモヘアで編み込んでみました。ツイードは様々な色が混ざり合い、モヘアは発色のよさと透明感が素晴らしい。お互いを引き立てながら美しい色合いを作り出してくれます。

→p.71

## Autumn garden
## 丸ヨークセーター

# 凪のカーディガン

古い編み物の本に、この模様編みで編まれたベビーカーディガンを見つけました。ガーター編みが市松模様のように入ったシンプルで奥行きのある柄。編み続けていくと、静かな海原の景色が重なってゆく。編む時間が、穏やかで凪のようなひとときでありますよう願っています。

→p.65

Twin cable キャップ

細めの縄編みは、大人っぽい雰囲気の帽子に仕上げたい。トップへ向けて模様編みが流れるように目を減らしたら、すっきりとした印象になりました。縄編みとノット編みの間には裏目があるので、リブのようなフィット感もあります。 →p.42

# フリルカーディガン

細いフリルがびっしりと縫いつけられたブラウスを「編んで」みたらどうかしら。フリルに見立てた交差模様は甘さ控えめデコレーションクリームのようでうれしくなりました。ラフにはおっても、ボタンをはめても、素敵に着こなせると思います。 →p.76

ドットレースショールを試着していた時のこと。腕が通る穴をあけてはおってみたくなり、袖つきのショールを作ってみました。ウールとアルパカの柔らかな素材にシルクモヘヤのかすかな重みと光沢がプラスされて、大人っぽいシルエットを作り出しています。

→p.84

## ショールカーディガン

# Twin cable セーター

二人のおばあさんがカゴを片手に買い物をしている一枚の写真。仲良しで、双子のようなお二人が印象的でした。模様編みもそんなふうに組み合わせてみたい。ぎゅっとねじった縄編みと、穴があいたノット編みのコンビは、あのおばあさんたちのよう。見るたびに温かな気持ちになるのでした。→p.79

美術館で美しいものを見るのは至福のひととき。色彩で構成した抽象画をミトンの上に広げてみたら、ぱっと華やいだ雰囲気が生まれました。このミトンは、上下を逆にしてはめても大丈夫。好きな色を組み合わせて、自由な絵画を作り出すのも楽しいと思います。

→p.65

## Color composition
## カシミヤミトン

## Fluffy キャップ

雪が止み外を眺めると、白一面の世界に丸いわたぼうしがあちこちに見られます。とても寒いはずなのに、その下はぬくぬくと守られているよう。ループ状につむがれた糸で編んだ帽子は、ふわふわとしたわたぼうしみたい。かぶると、私も寒さから守られているような気がするのです。

→p.83

# アルパカのミニマムベスト

未染色のベビーアルパカを使ったこの糸は、柔らかくてなめらかで、カシミヤに匹敵する温かさがあります。自然そのもののような素材のすばらしさを素直に感じていただけるよう、ミニマムな形にしました。大切に、長く着続けたい一着です。

→p.86

# イギリスゴム編みのレッグウォーマー

足もとが冷え始めると急に温かなものが恋しくなります。「冷え」は体によくありません。イギリスゴム編みはフィット感もよく伸縮自在。厚手の編み地は足もとを温かく包んでくれます。足首を重点的に温めるのもよし、ひざ下全体を包むのもよし。好みの長さで編んでみてください。 →p.88

# notebook

じっと見る。感じる。思いを記録する。何かに気づく、
それが作品の種になる。作品が生まれるのは、
芽吹いた命を大切に育てることに似ている。

Snow forest aran sweater
霧氷の森に雪が降り始めたイメージで。

マフラーがあってもよいかも。

Snow forest

→p.4 アランセーター
→p.7 アランマフラー

霧氷を思い出させた一枚の写真。雪が降りしきる森の時間を想像してみる。雪が舞い落ちる軌跡、白い木々の枝、ぱらぱらと落ちる雪。すべての音を吸収する白い世界をじっと見つめてみる。

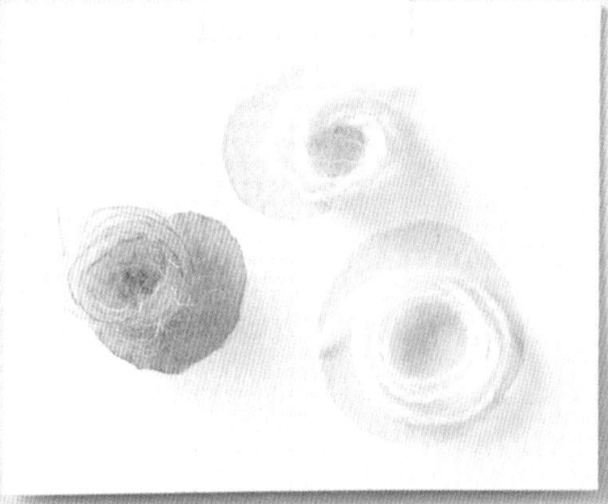

## 自分の色を作る

### →p.10 ピスタチオグリーンのくつ下
### →p.11 草原のセーター

自分の気持ちに耳を傾け、心のままに色を作ってみたい。私たちはもっと自由に「自分の色」を着ることができるのだから。細糸を数本引きそろえて編むと、新しい色が生まれる。一本の糸を変えるだけでも色の印象はずいぶん変わる。

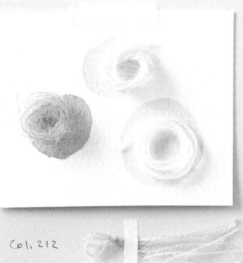

dot lace shawl.

→p.14 ドットレースショール

透し模様で円を描くのは難しい、と思っていた。けれどこの模様を編むうち、模様を作るヒントを得た気がする。かけ目の位置を決めたら、目数が一定になるよう調整する。そんな経験が製作を少しずつ自由にしてくれるように思う。

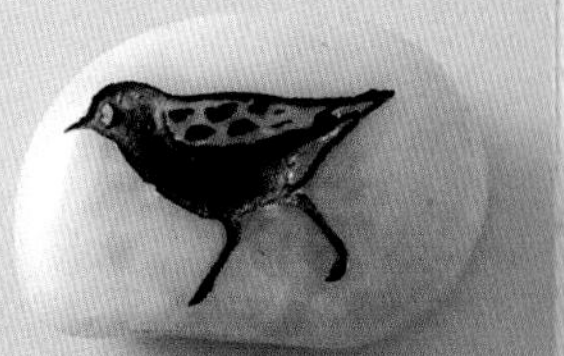

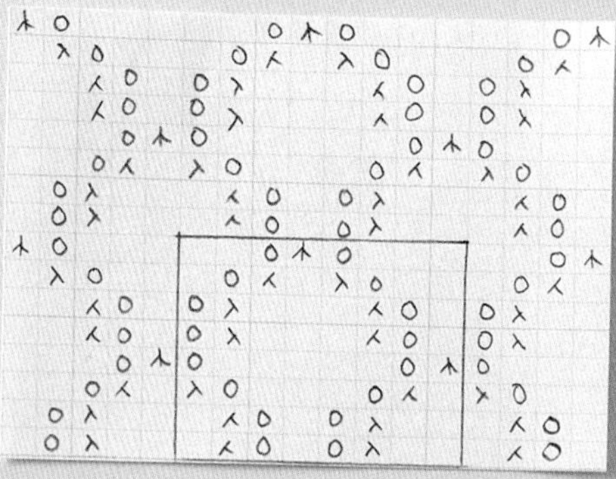

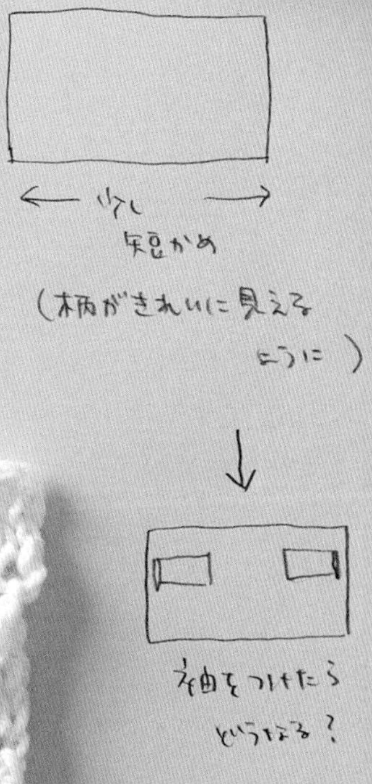
少し
短かめ
(柄がきれいに見える
ように)
袖をつけたら
どうなる?

Autumn garden
→p.16 **丸ヨークセーター**

秋の庭は、夏の日差しを凝縮したような深い色をしている。それらをひとつひとつ拾い集めると、色と色とが響き合い、美しい音色を奏でているかのよう。その豊かな旋律は庭が眠りに落ちるまで続いてゆく。

# 糸について

この本の作品に使用した糸の内容です。糸はすべて実物大です。糸の購入先はp.96を参照してください。
表記は、使用作品の掲載ページ／糸名／メーカー／素材／1玉の重さ／1玉の長さ(約)

※作り方ページに記載している糸の分量は、掲載作品をもとにしています。使用量は編む人によって異なり、また、ゲージを編む分は含まれていませんので、ある程度、余裕のある分量を準備されることをおすすめします。
※糸の色は作品によっては異なるものがあります。

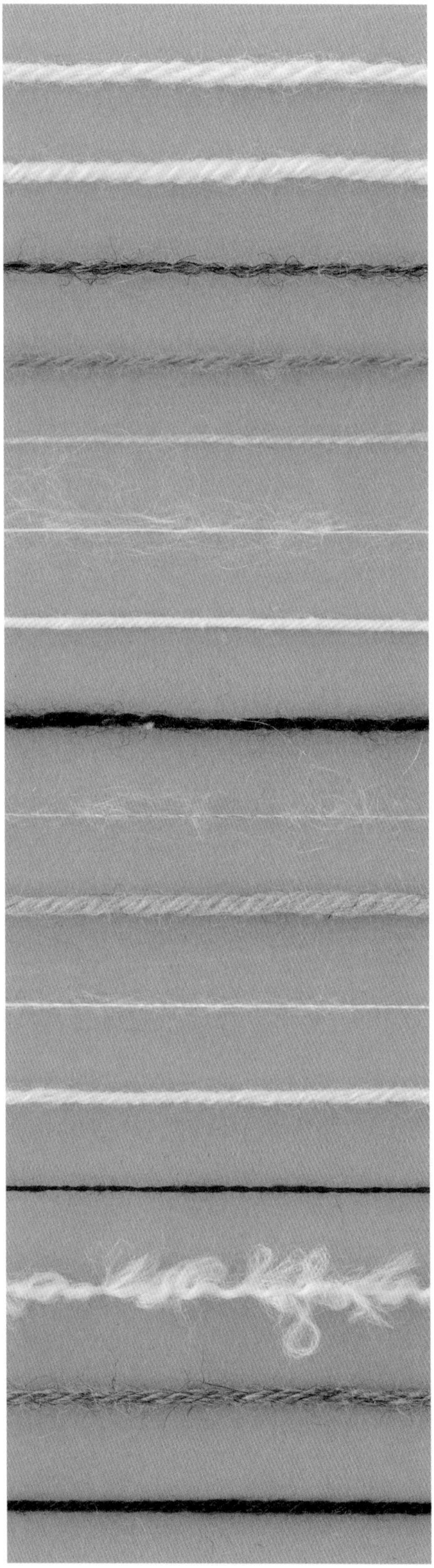

1 p.4、18／チェビオットウール／DARUMA／ウール(チェビオットウール)100%／50g／92m

2 p.7／フォークランドウール／DARUMA／ウール(フォークランドウール)80%アルパカ(ベビーアルパカ)20%／50g／85m

3 p.6、10、11／ブリティッシュファイン／パピー／ウール100%／25g／116m

4 p.8、12／シェットランドウール／DARUMA／ウール(シェットランドウール)100%／50g／136m

5 p.10、11／パピーニュー2PLY／パピー／ウール100%(防縮加工)／25g／215m

6 p.10、11／キッドモヘアファイン／パピー／モヘヤ(スーパーキッドモヘヤ使用)79% ナイロン21%／25g／225m

7 p.14／ランブイエウールコットン／DARUMA／ウール(ランブイエメリノウール)60% 綿(スーピマ)40%／50g／166m

8 p.16／フェルテッドツイード／ROWAN／ウール50% アルパカ25% viscose25%／50g／175m

9 p.16／キッドシルクヘイズ／ROWAN／モヘヤ70% シルク30%／25g／210m

10 p.19、20、24／シェットランド／パピー／ウール100%(英国羊毛100%使用)／40g／90m

11 p.22／シルクモヘヤ／DARUMA／モヘヤ(スーパーキッドモヘヤ)60% シルク40%／25g／300m

12 p.22、27／空気をまぜて糸にしたウールアルパカ／DARUMA／ウール(メリノ)80% アルパカ(ロイヤルベビーアルパカ)20%／30g／100m

13 p.26／カシミヤ／アヴリル／カシミヤ100%／1gあたり13m

14 p.27／LOOP／DARUMA／ウール83% アルパカ(ベビーアルパカ)17%／30g／43m

15 p.28／チャスカ／パピー／アルパカ100%(ベビーアルパカ100%使用)／50g／100m

16 p.29／ランブイエメリノウール／DARUMA／ウール(ランブイエメリノウール)100%／50g／145m

# 道具について

心地よく編むために、道具選びはとても大切です。そろえた道具は整理整頓を心がけて、時には手入れをし、気持ちよく使えるように整えておきましょう。

※編み針について
針の号数は規格がありますが針先の形はメーカーにより微妙に違います。素材によっても編み心地が変わります。

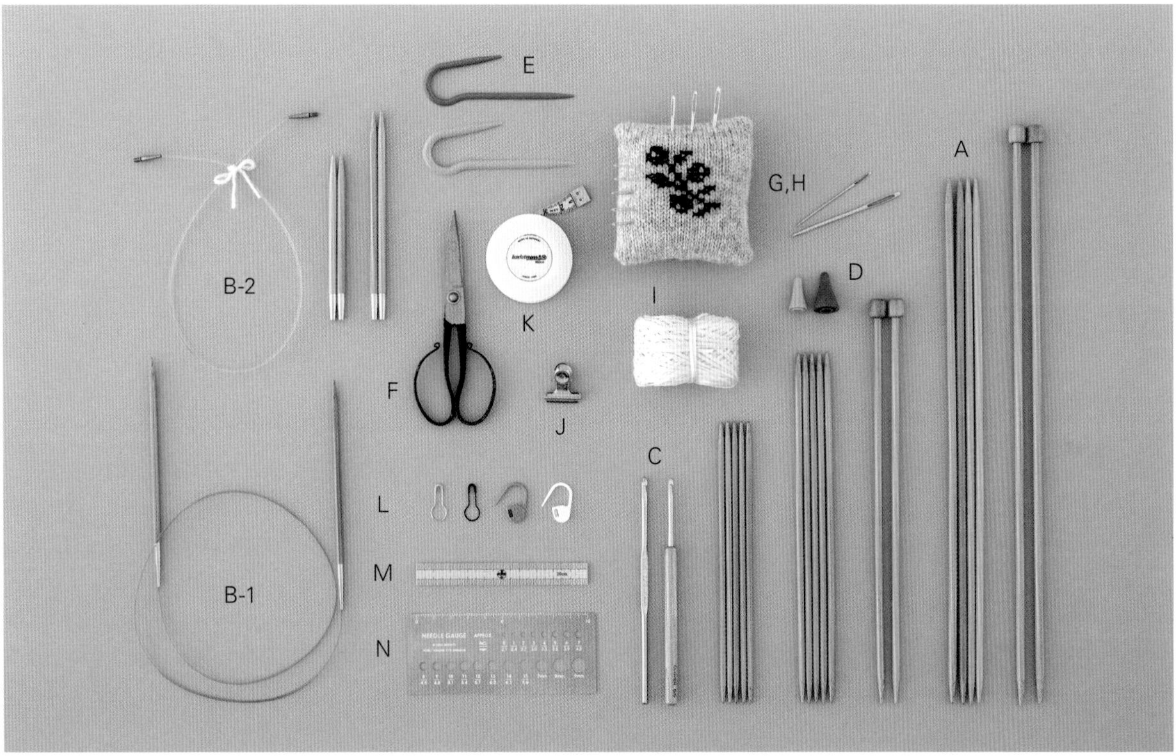


A 棒針

平らな編み地は2本棒針、輪(筒状)の編み地は4(5)本棒針を使用。編み地幅に合わせて棒針の長さを決めます。

B 輪針

輪(筒状)以外にも平らな編み地を編むなど、いろいろな使い方ができて便利。柔らかな材質のコードで様々な大きさの輪が編める(マジックループ p.41参照)もの(B-1)、コードと棒針部分が別売りのつけ替え輪針(B-2)等があります。40、60、80cmの輪針を中心にサイズも豊富。経済的には「つけ替え輪針」がおすすめです。コードの長さを3種類(40、60、80cm用)そろえれば、必要な号数の針先をつけ替えるだけでそれぞれのサイズの輪針として使えます。

※輪針サイズの選び方／編み地の円周に合わせてサイズを変えるのが基本。編む寸法より少し小さめを選びます。マジックループは80cmの輪針を使用します。

C かぎ針

別鎖の裏山を拾う作り目、引抜きはぎ等に使用。糸の太さに合わせて号数を選んでください。

D 棒針キャップ　※写真はクロバーラボ製(p.96参照)。

編み目が落ちないよう、棒針の先につけておくものです。

E 縄編み針　※写真はクロバーラボ製(p.96参照)。

縄編みなどの交差模様を編む時に、この針に編み目を移し、休ませます。

F はさみ

切れ味がよく、できれば研ぎ直しができるものを。

G とじ針

針先が丸いとじはぎ、糸始末用の針。糸の太さに合わせて選びます。

H 針刺し

中に油分の残る原毛を詰めると、針がさびにくいです。

I 編み出し糸

「別鎖の裏山を拾う作り目」の、別鎖を編むための糸。毛羽立ちの少ない綿糸を使っています。柔らかいので編み地への影響がほとんどなく、繊維が編み地に残りません。

J クリップ

輪編みする時に編み地にねじれがないのを確認して、作り目の始めと終りをとめます(ねじれ防止のため)。

K メジャー

時々編み地をはかり、寸法どおりに編めているか確認します。

L 段数マーカー　※右の2つはクロバーラボ製(p.96参照)。

編み目に印をつけるものです。目数リングとしても使えます。細糸には細めのマーカーを使うと編み地にひびきません。

M 物差し

ゲージをはかるために10〜15cmの長さが必要です。

N ニードルゲージ

それぞれの号数と同じ直径の穴があいています。穴に棒針を通して、針の号数を調べるために使います。

# 編み方のポイント

※写真はわかりやすいように糸の色を一部変えて解説しています。

## 【Snow forest アランセーター(p.4、編み方p.43)、アランマフラー(p.7、編み方p.48)】

### 2目の回りに糸を巻く方法

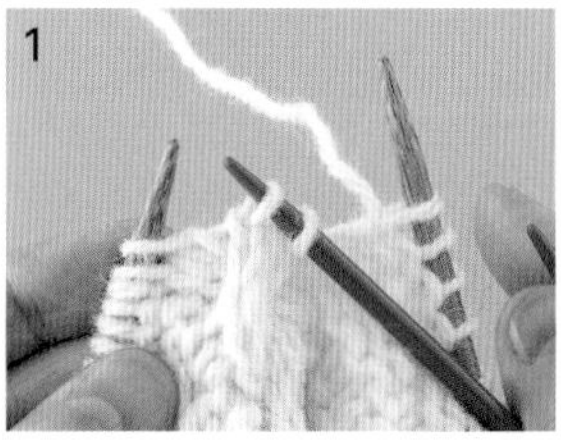

縄編み針に2目移す

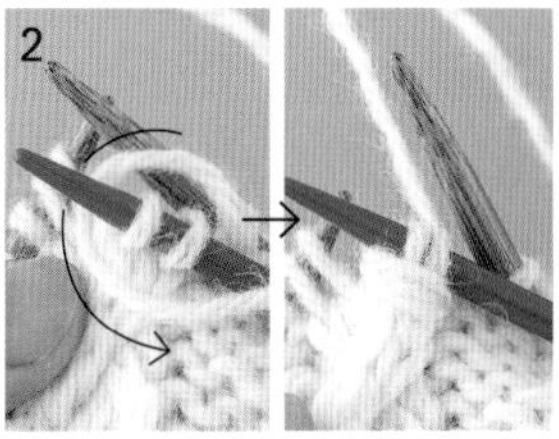

2目の根もとに矢印の方向からぐるぐると4回糸を巻く

右針へ2目移す

根もとに糸が巻かれた状態で続きを編んでいく

### 4目の回りに糸を巻く方法

縄編み針に4目移す

4目の根もとにぐるぐると4回糸を巻く

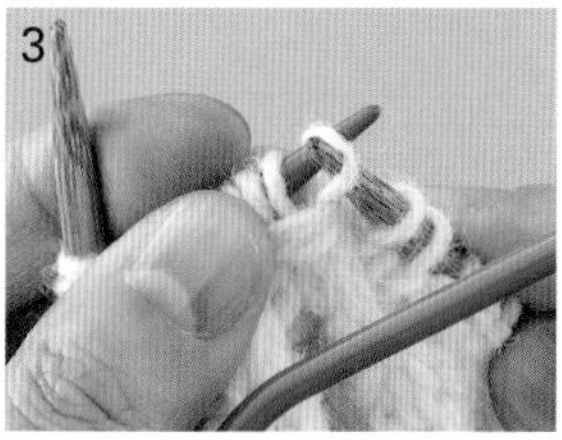

右針へ4目移す

根もとに糸が巻かれた状態で続きを編んでいく

## 【Snow forest ミトン(p.6、編み方p.53)】

### 親指穴のあけ方、拾い方

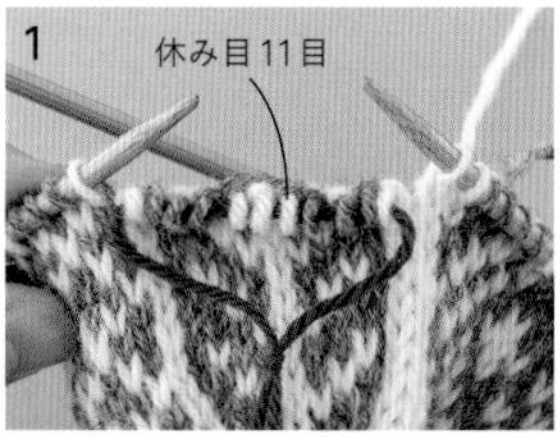

指部分(11目)は別糸に通し、休ませる

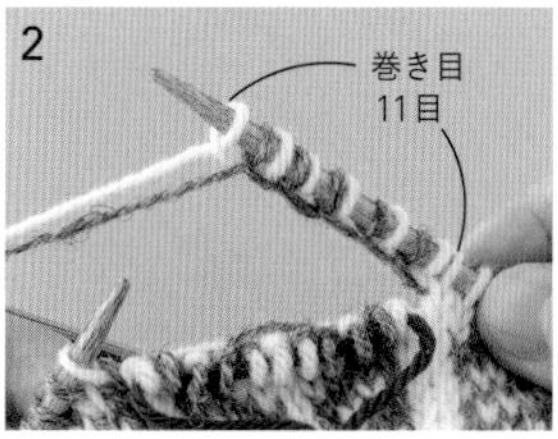

配色糸(白)、地糸(グレー)の順で巻き目を11目作る

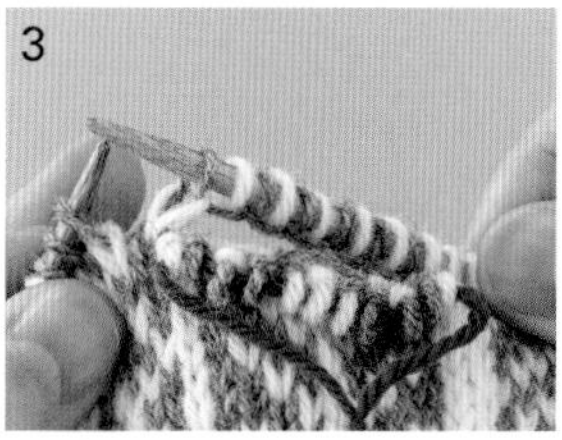

巻き目から続けて1目(グレー)を編んだ状態

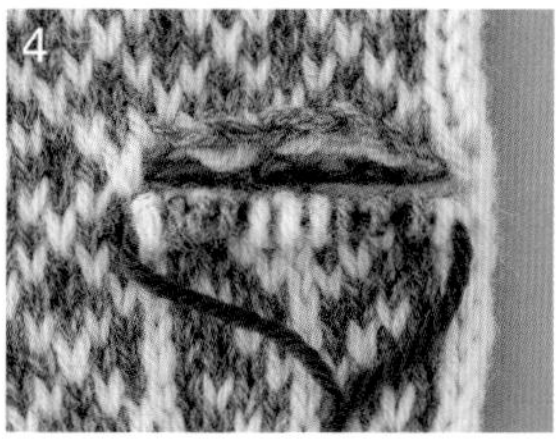

続けて輪でミトンの最後まで編む。親指部分の穴ができた

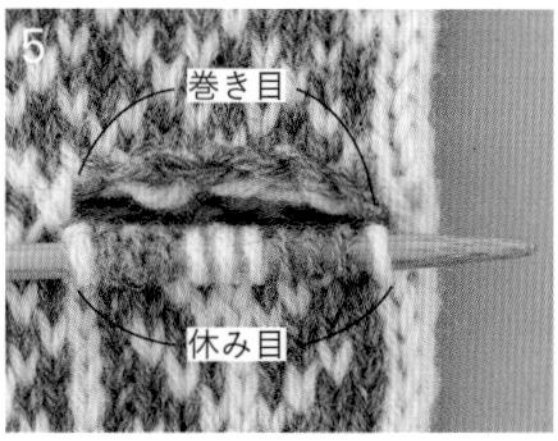

親指を編む。別糸に通した休み目11目を針に戻す

糸をつけて親指の編込み模様を編む。針2本に目を分けておく

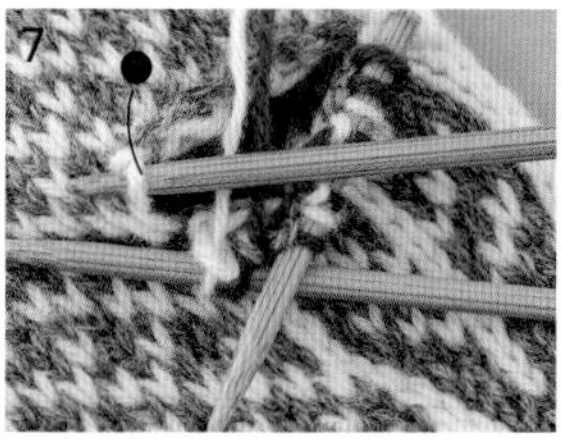

角(●)で渡っている糸(巻き目の最後の渡り糸)を針で拾い、ねじり目を編む

ねじり目が1目編めた

続けて巻き目部分を11目拾う。拾い方は巻き目の目の中に針を入れ(矢印参照)、糸をかけて拾い出す

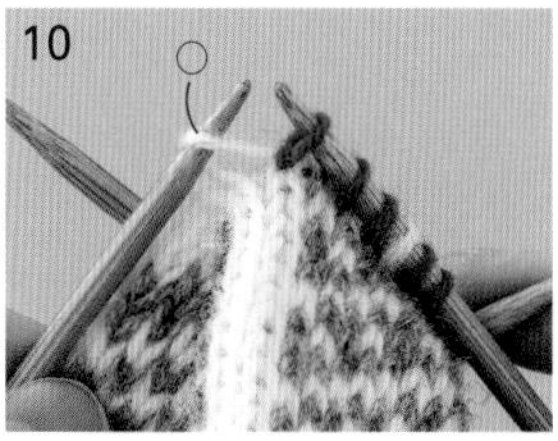

反対側の角(○)も**7**と同様に針で拾い、ねじり目を編む

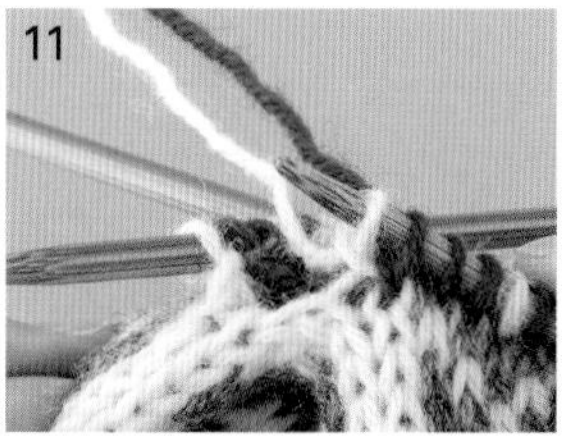

ねじり目が1目編めた

1段編めたところ。親指は輪で最後まで編む

## 【Snow forest アランセーター(p.4、編み方p.43)】

### 右上1目交差(下側は裏目)/編み地の裏側から編む方法 →

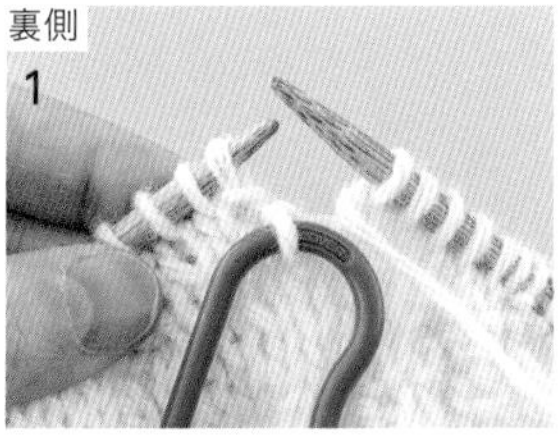

縄編み針に1目移し、手前におく

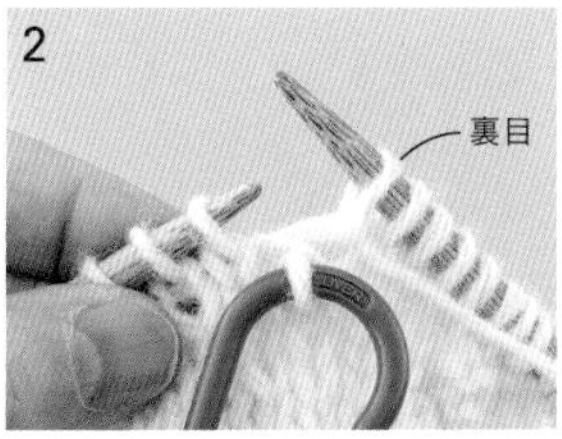

次の目を裏目で編む

縄編み針の目を表目で編む

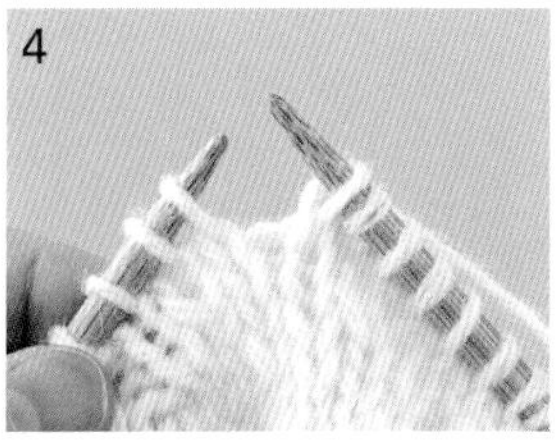

下側が裏目の右上交差が編めた

### 左上1目交差(下側は裏目)/編み地の裏側から編む方法 →

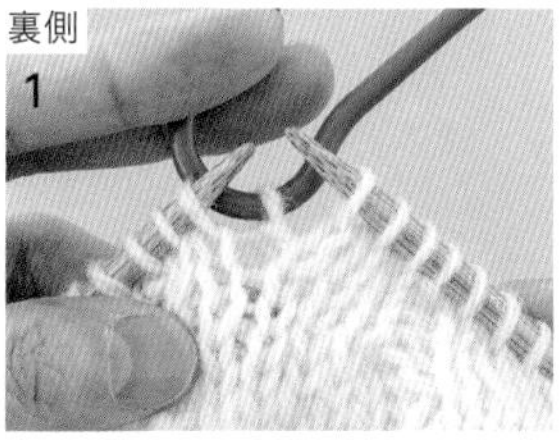

縄編み針に1目移し、向う側におく

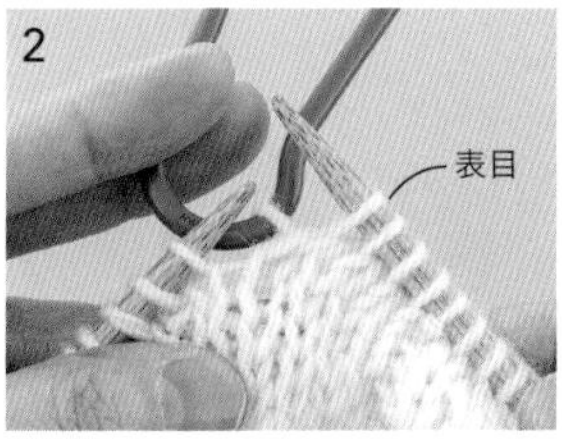

次の目を表目で編む

縄編み針の目を裏目で編む

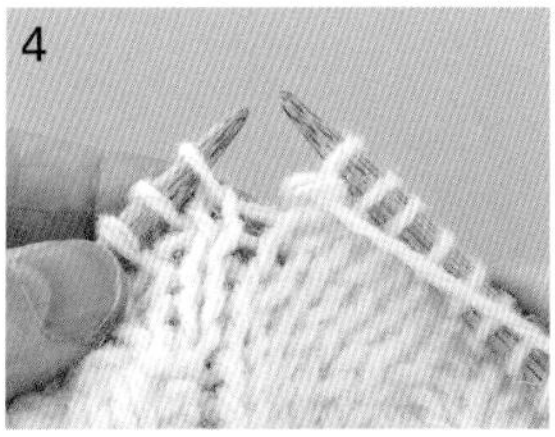

下側が裏目の左上交差が編めた

## 【ツイード模様のベスト(p.8、編み方p.50)】

### 模様編み/輪編みのすべり目の編み方

1段めはチョコレート色の糸で表目を2目編み、糸を向う側におく。次の目に右針を入れる

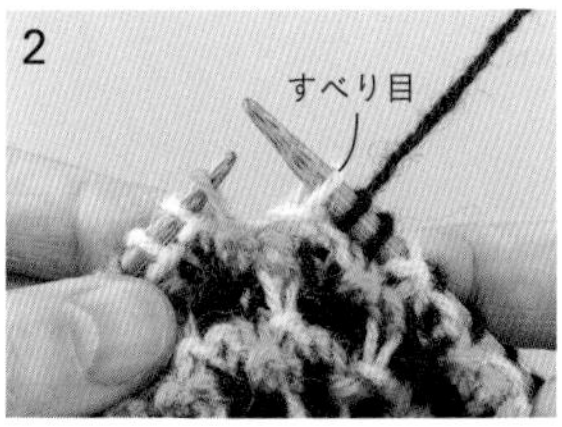

そのまま右針に目を移す(すべり目)

1、2を繰り返し、1段編む

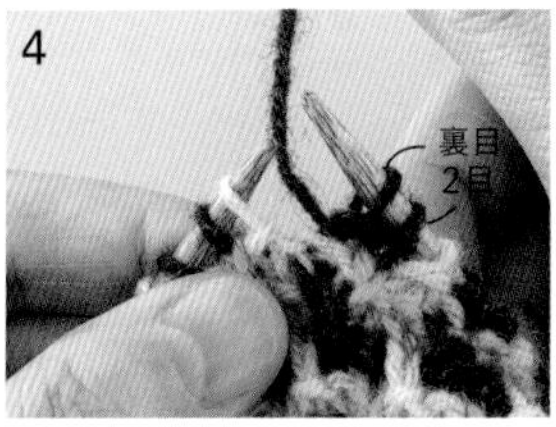

2段めはチョコレート色の糸で裏目を2目編み、針と針の間から糸を向う側におく

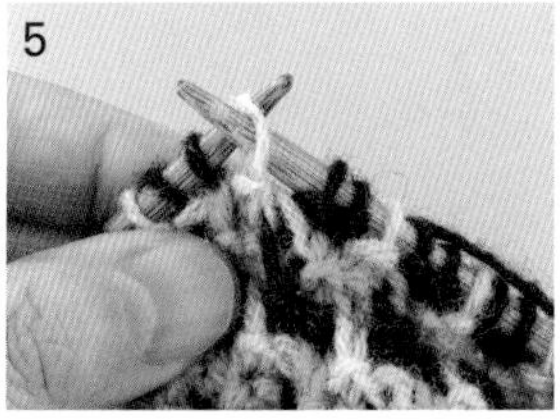

次の目に右針を入れる

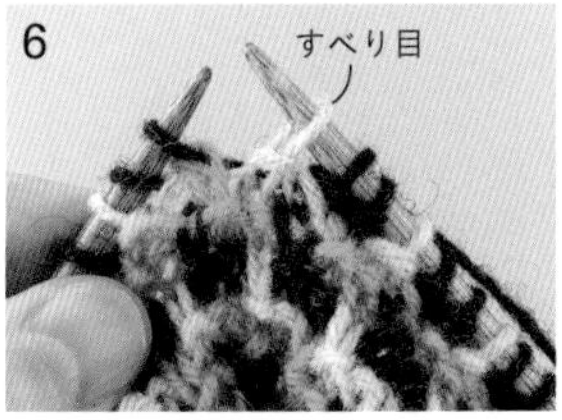

そのまま右針に目を移す(すべり目)

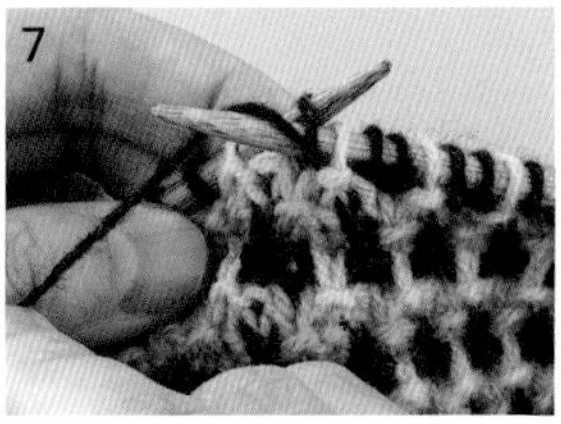

針と針の間から糸を手前に戻し、裏目を編む。4〜6を繰り返し、2段めを編む。2段ごとに配色糸とすべり目の位置をずらして編み進む

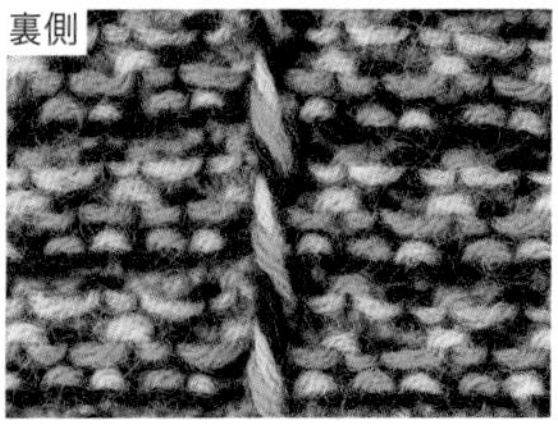

輪で編む場合は裏側の段の境目に配色糸が縦に渡る

### 模様編み/往復編みのすべり目の編み方

※往復編みの部分は、端1目を表目にする。

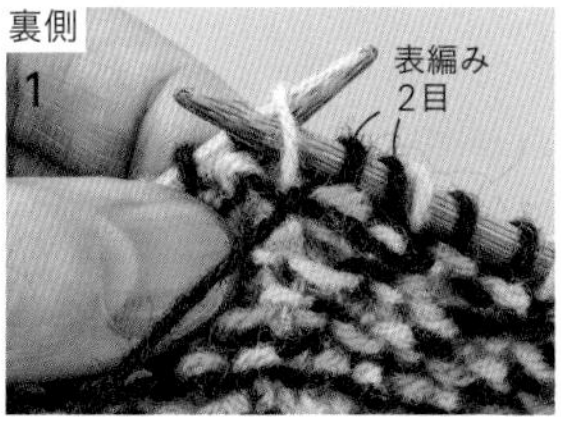

1段めは「輪編みのすべり目の編み方」1〜3と同様に編む。2段めは編み地の向きを変え、表編みを2目編む。針と針の間から糸を手前にし、次の目に右針を入れる

そのまま右針に目を移す(すべり目)

針と針の間から糸を向う側に戻す。1〜3を繰り返し、2段めを編む。2段ごとに配色糸とすべり目の位置をずらして編み進む

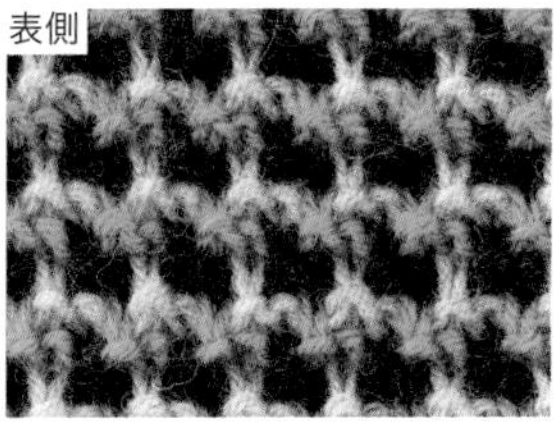

すべり目の位置をずらすことで模様ができる

## 【ショールカーディガン(p.22、編み方p.84)】

※p.10くつ下の「かかと」、p.26カシミヤミトンの「親指」の拾い方も
袖の目の拾い方を参照します。ただし、編始めの位置はdから編みます。

### 別糸を編み込んで袖を拾う

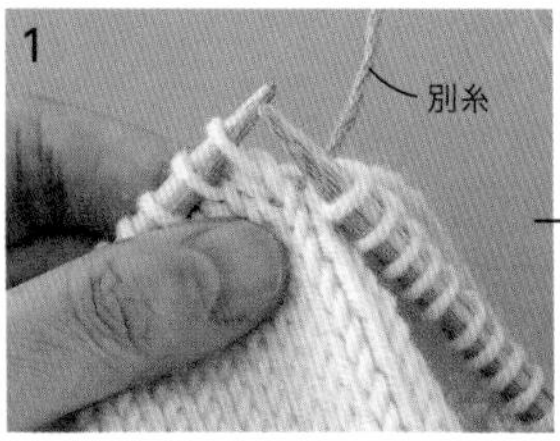


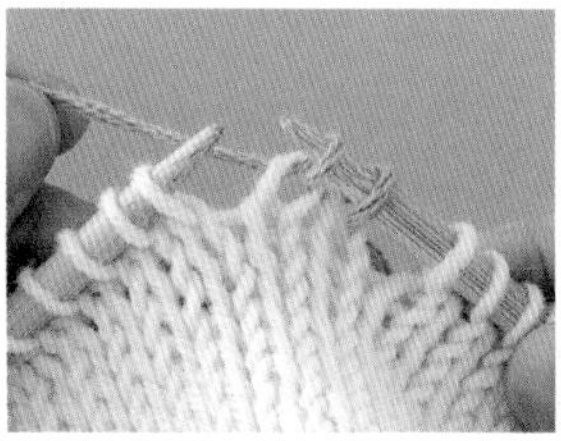

別糸を編み込む。地糸を休め、別糸(毛羽立ちの少ないすべりのよい糸)を用意し、表目を編む

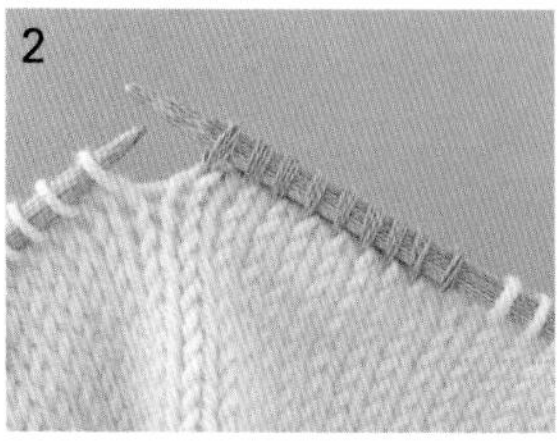


必要目数、別糸で編んでいく(写真は9目。作品は目数が異なる)

別糸で編んだ目を写真のように左針を入れ、戻す

別糸の目をすべて左針に戻したところ

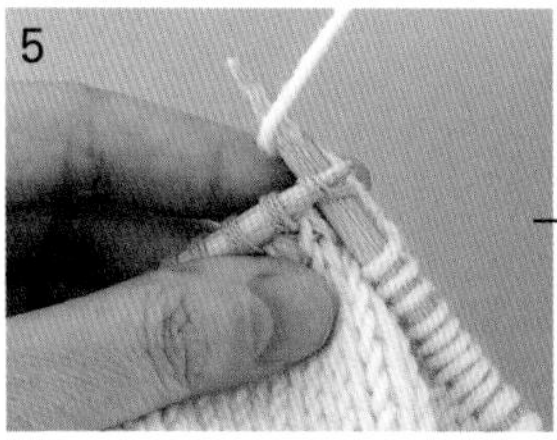


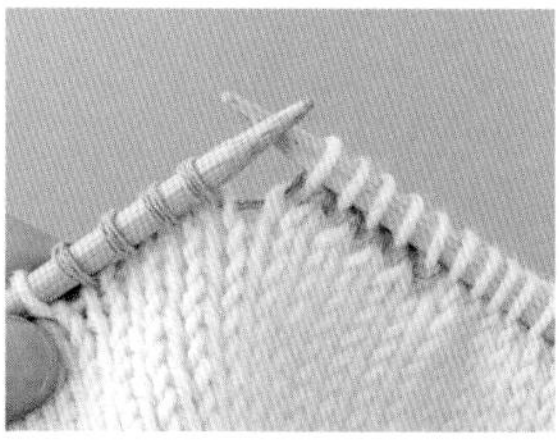

針を入れ、地糸で別糸の目を編む。端まで編む

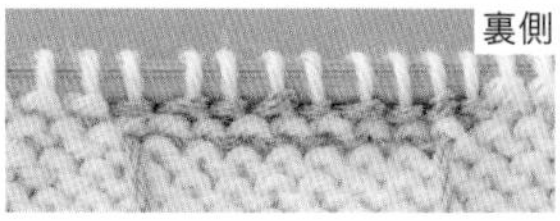


別糸が編み込まれた。続けて記号図どおりに編んでいく

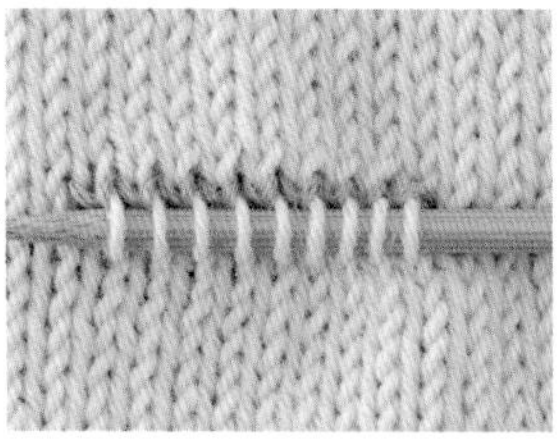

袖の目を拾う。別糸の下側の目を右側から針を入れて拾う(写真は9目)

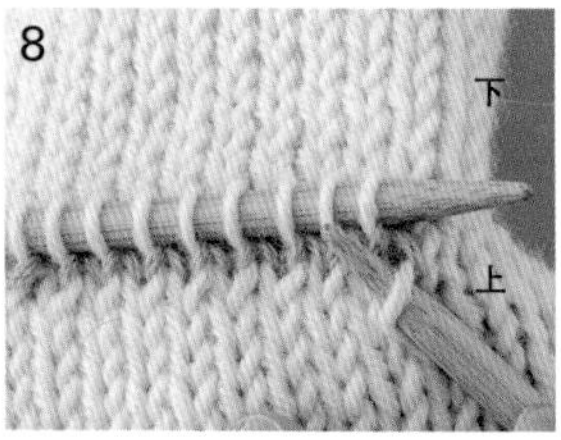


編み地の天地の向きを変え、別糸の上側を1目めは目の左側、2目以降は目の右側に針を入れて拾う

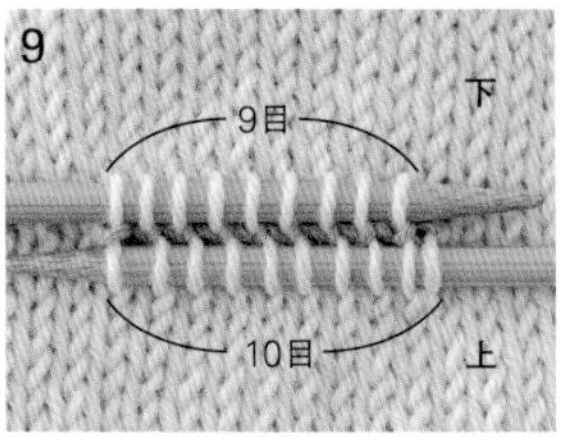


上側が拾えた。上側は下側より1目多く拾う(写真は10目)

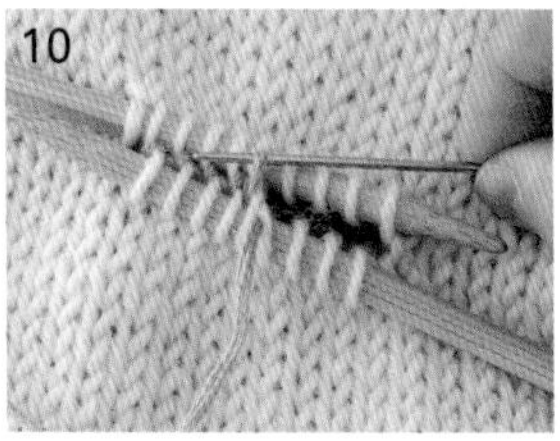


別糸をとじ針で引き出しながらほどく。地糸の糸を引っ張らないように注意する

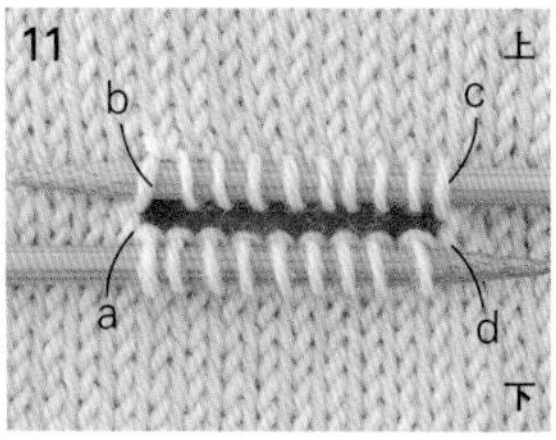


別糸がほどけた。編み地の向きを戻す。a〜dは14以降でねじり目を編む位置。a、dは渡り糸を拾って編む

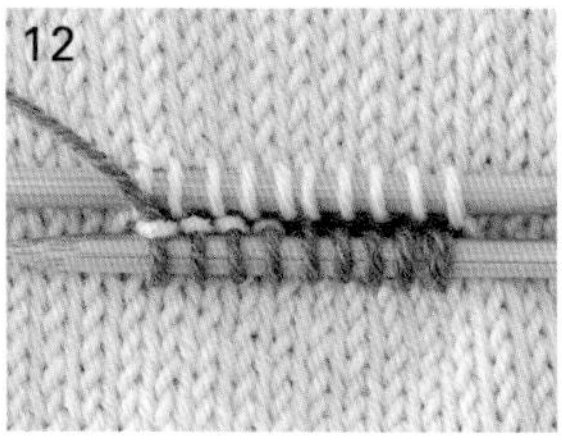


1段めを編む。下側を表目で編む

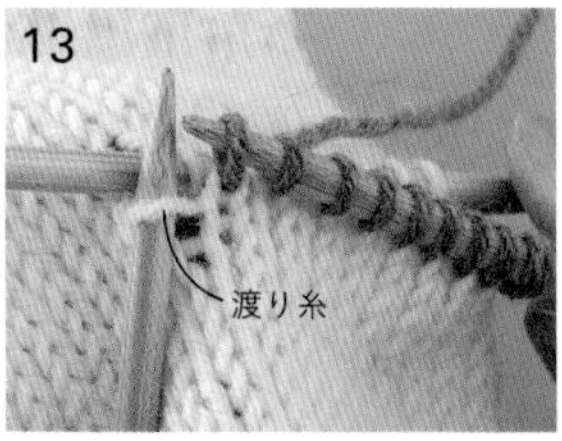


新しい針で左端の目と次の目の間の渡り糸を拾う

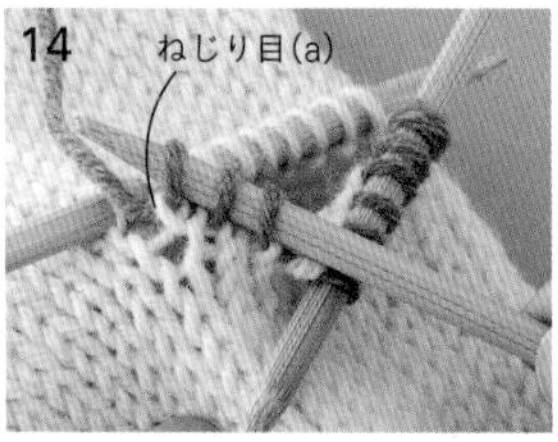


渡り糸をねじり目で編む(a)。新しい針に他の目を通し、3本の針に目を分ける

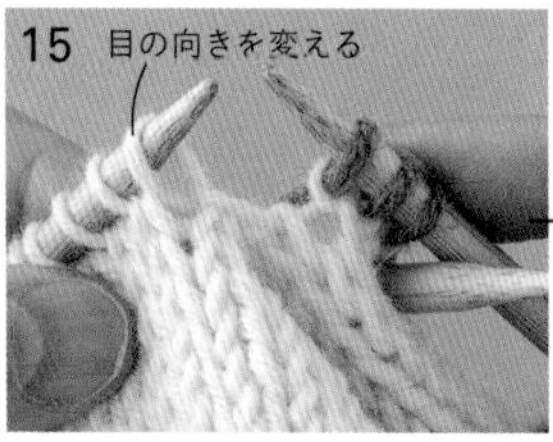


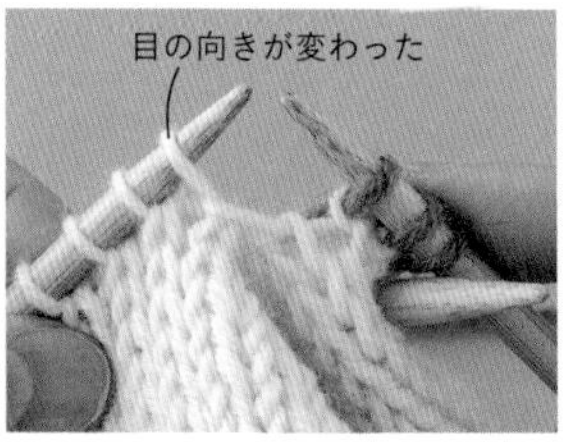


上側の1目めに右針を入れ、目の向きを変え、左針へ戻す

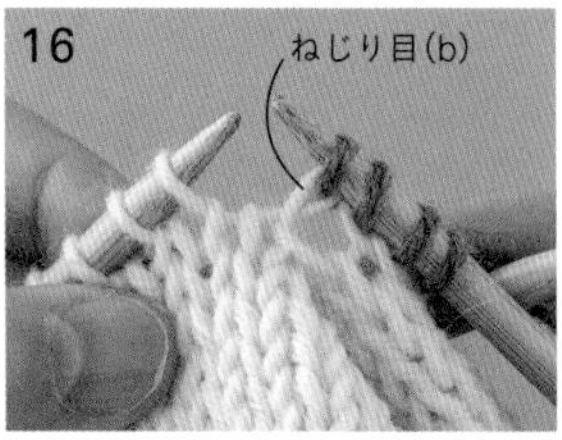


向きを変えた目をねじり目で編む(b)

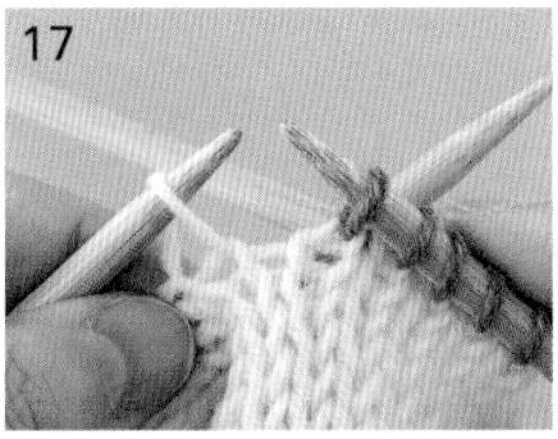


上側を続けて1目手前まで表目で編む

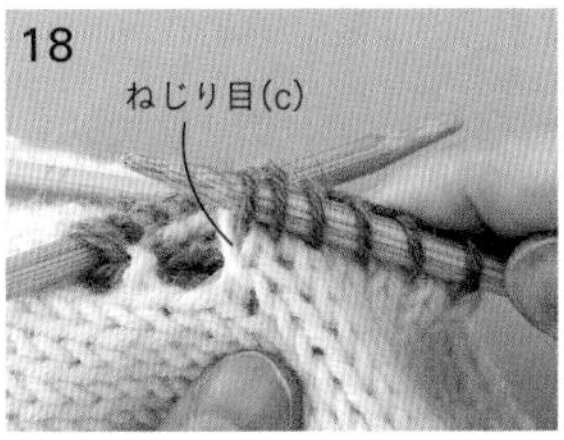


最後の目をねじり目で編む(c)

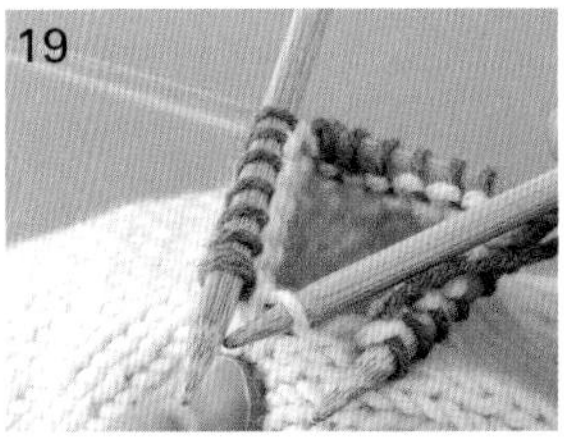


新しい針で下側の右端の目と手前の目の間の渡り糸を拾う

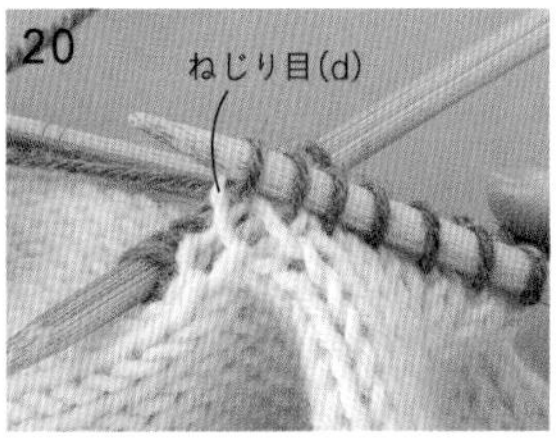


渡り糸をねじり目で編む(d)。1段めが拾えた

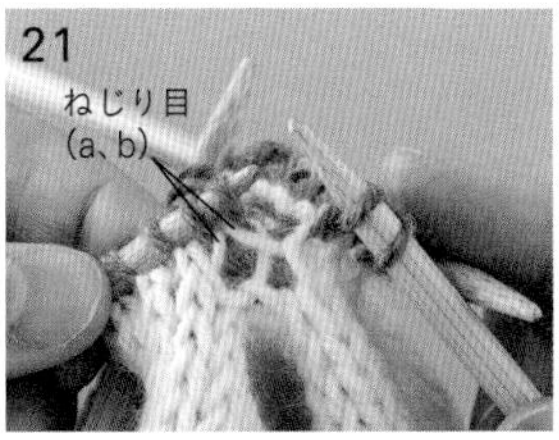


2段めを編む。ねじり目(a、b)の手前まで表目で編む

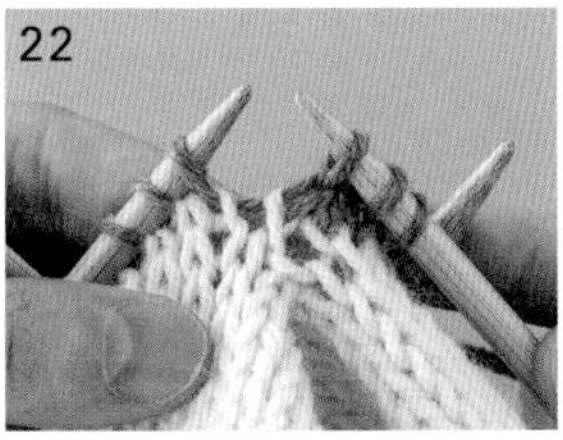


ねじり目2目(a、b)を左上2目一度で編む

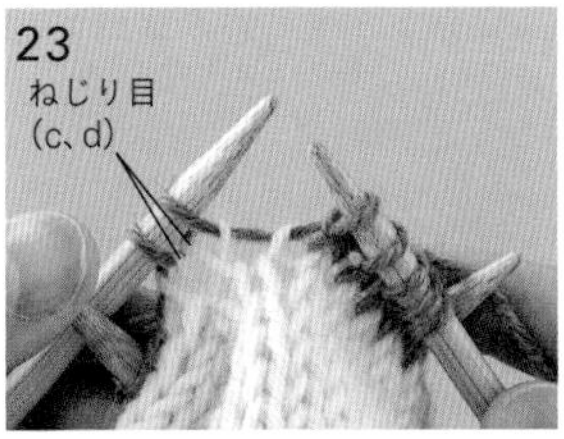


ねじり目(c、d)の手前まで表目で編む

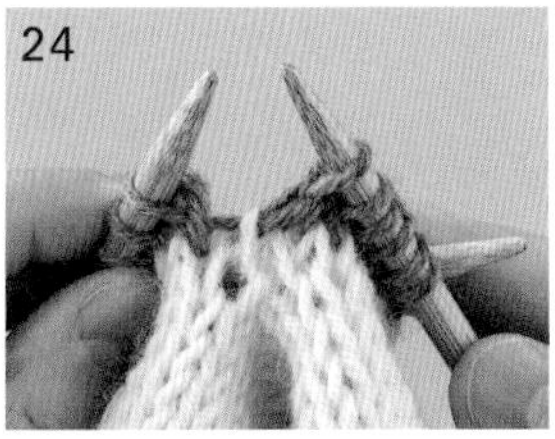


ねじり目2目(c、d)を左上2目一度で編む

## 【Color composition
## カシミヤミトン(p.26、編み方p.65)】

(p.26、編み方p.65)

カシミヤの縮絨は、紡績油を落とし、カシミヤ本来の風合いに戻す方法です。「洗って使う」を繰り返すうち繊維が毛羽立ち、ふわふわになります。

### カシミヤの風合いを出す縮絨の方法

ミトンが編み終わったら、縮絨の準備をする。用意する道具は、ボウル、タオル、お湯の入ったポット、手洗い用中性洗剤

縮絨前(写真左)は編み目がはっきりしている。
縮絨後(写真右)は編み目が適度になじみ、ふんわり仕上がっている。縮絨を繰り返し、好みの風合いを出すのもおすすめ

ボウルにお湯(約40度)と中性洗剤を入れ、混ぜる(中性洗剤の量は表記を参照)。ミトンを両手分入れ、10分ほど浸透させる。洗剤液を浸透させることで紡績油が落ちる

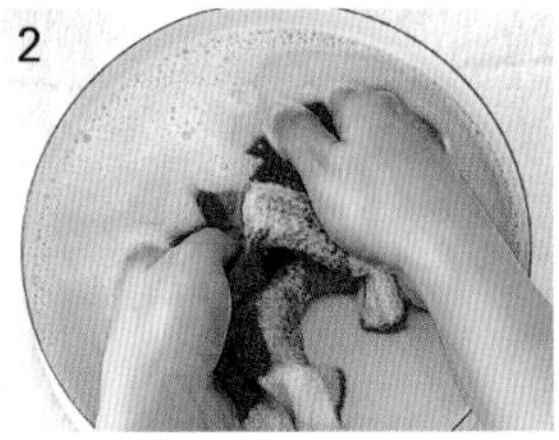


力を入れずに、軽く編み地どうしをすり合わせる(多少、色落ちすることがある)

両手にはめて、手洗いする要領で編み地の表面をなでる。2、3の工程をする時はお湯の温度を40度前後保つよう適宜、足し湯する

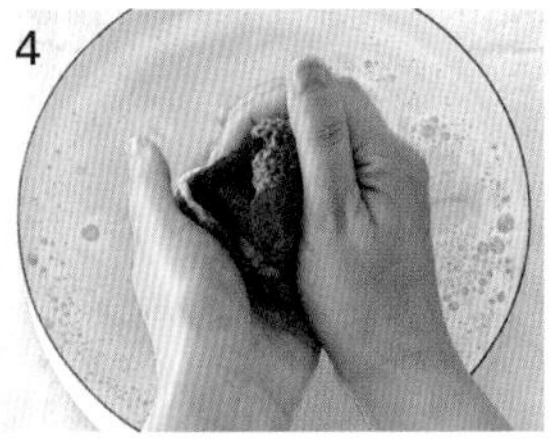


ミトンを軽く絞り、水気をとる

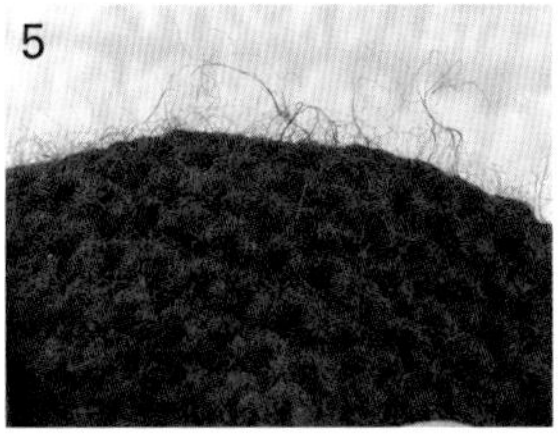


編み地の繊維が毛羽立った状態

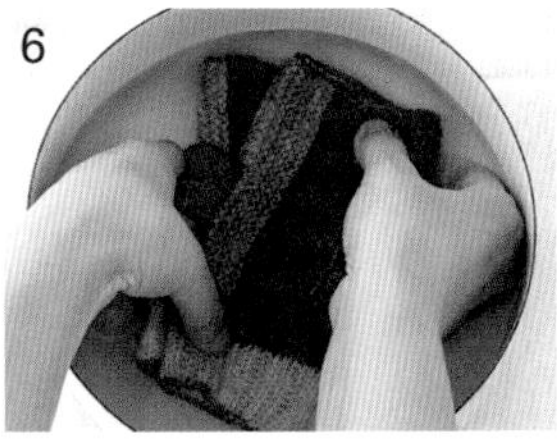


ボウルに40度のお湯を入れる。お湯を入れ替えながら数回すすぐ

ミトンを軽く絞り、水気をとる

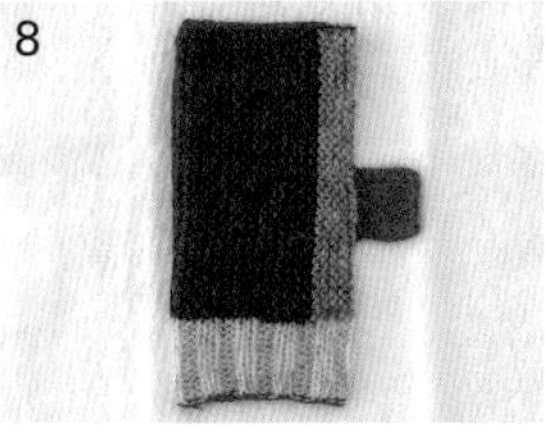


タオルの上にのせ、形を整える。水気をとり、そのまま日陰で乾かす

## 【イギリスゴム編みのレッグウォーマー（p.29、編み方p.88）】

この技法はアメリカ在住のJeny Staimanさんが考案した「Jeny's Surprisingly Stretchy Bind-off（ジェニーさんの驚くほど伸縮性のある伏止め）」を基本にしています。本来は1本どりの伏止めですが、この作品ではイギリスゴム編みの編み地の厚みとバランスをとるために2本どりにしています。
ジェニーさんのInstagram @jenystaiman

### 伸びる伏止めの編み方

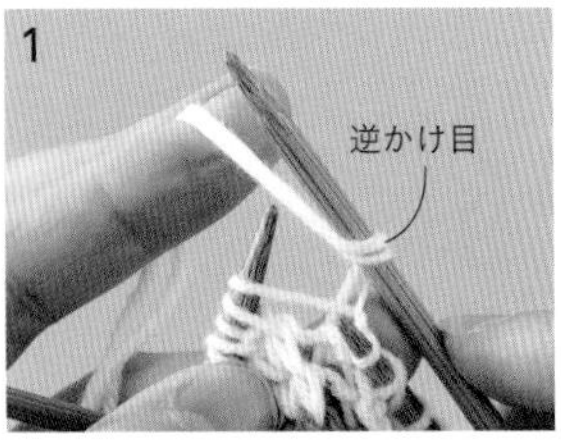

糸を1本足す（2本どり）。右針に糸を向う側から手前にかける（かけ目とは糸のかけ方が逆になる。以降「逆かけ目」と表記）

→
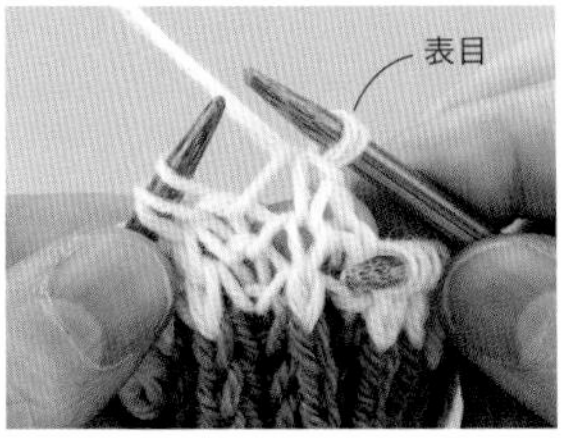

表目を編み、逆かけ目を表目にかぶせる

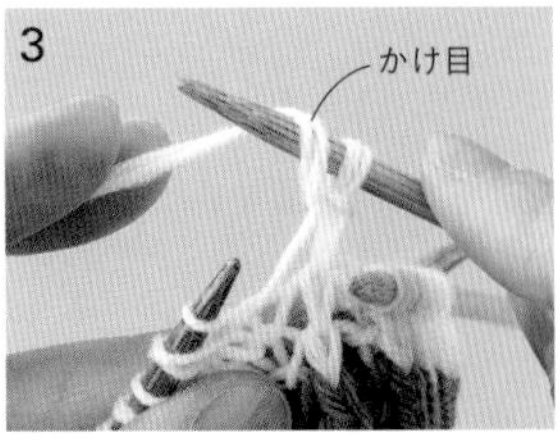

かけ目をする

裏目を編み、かけ目を裏目にかぶせる

→
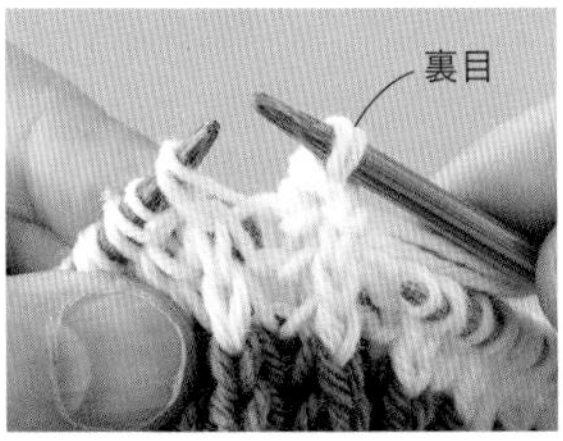

表目を裏目にかぶせる

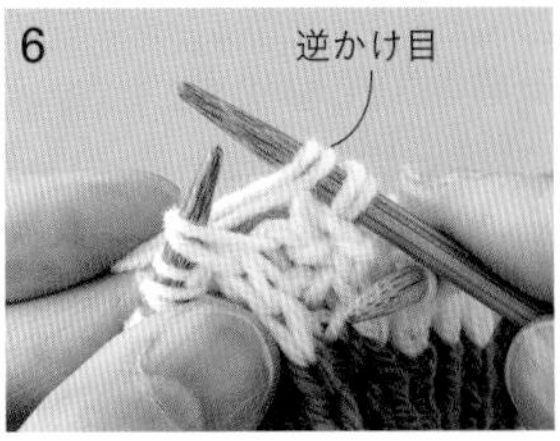

逆かけ目をする

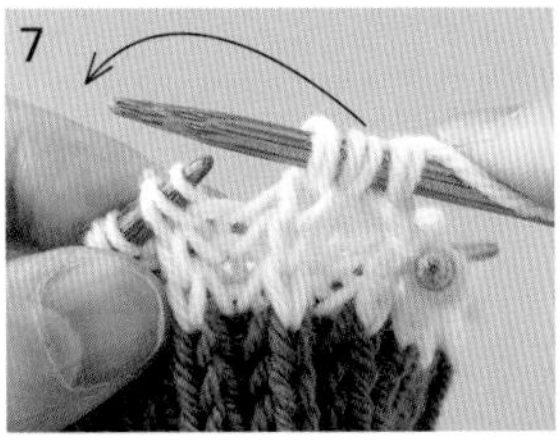

表目を編み、逆かけ目を表目にかぶせる

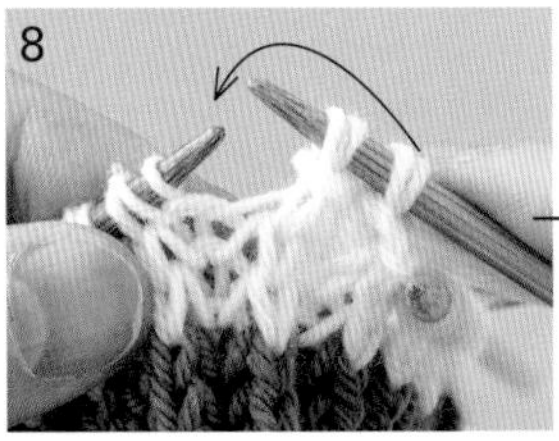

→

裏目を表目にかぶせる

3〜8を繰り返して編む。編終りの糸を15cm残し切る。とじ針で編始めの目に通し、始末する（チェーンつなぎ）

## 【凪のカーディガン（p.18、編み方p.65）】

### ボタン穴のあけ方

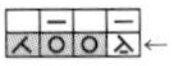

表側
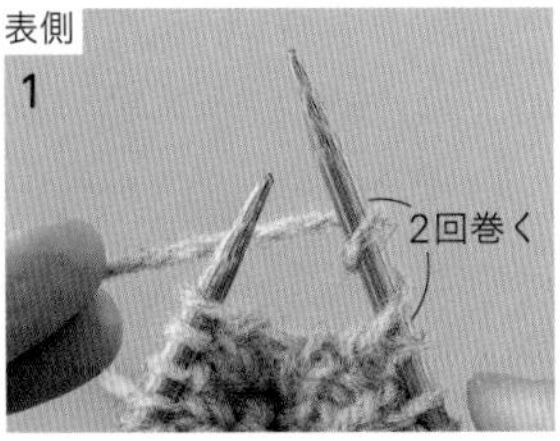

右針に糸を2回巻く（2目かけ目）

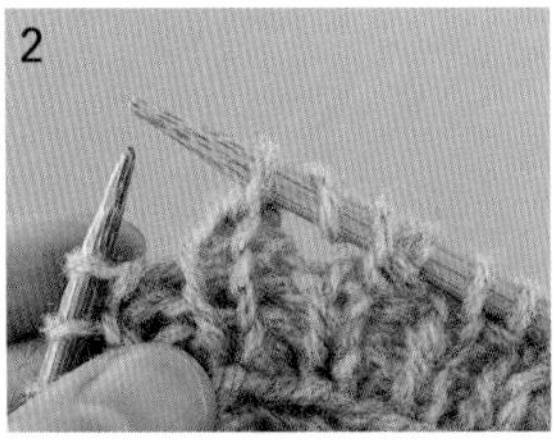

次の目を左上2目一度で編む。段の端まで編む

裏側
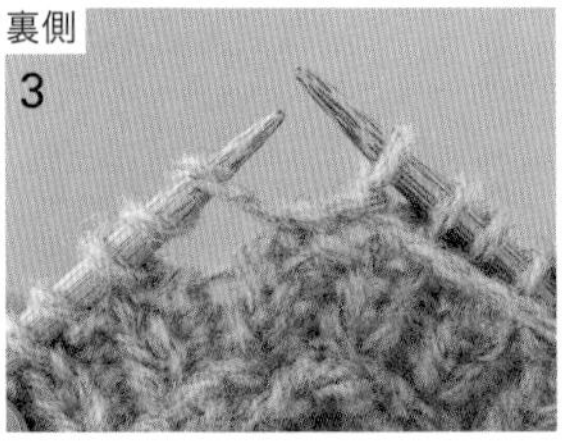

編み地の向きを変え、次の段を編む。かけ目2目の手前まで編む

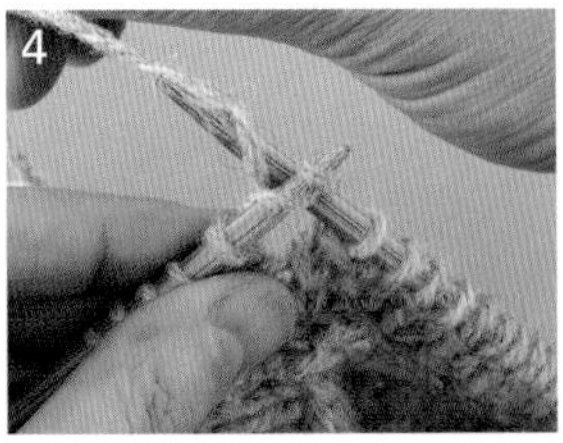

糸を向う側におき、巻いた目（かけ目）の1目めに手前から右針を入れ、表編みを編む

かけ目に表目（表側から見て裏目）が1目編めた

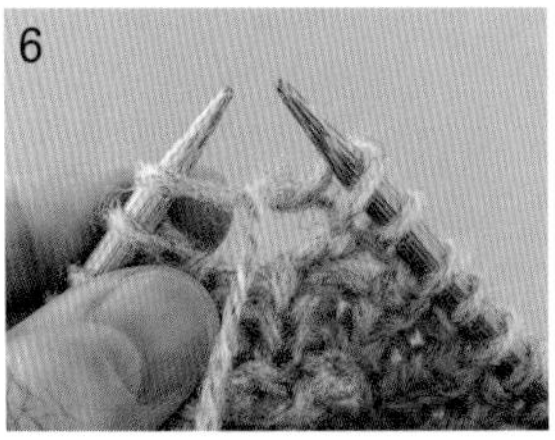

糸を手前におく

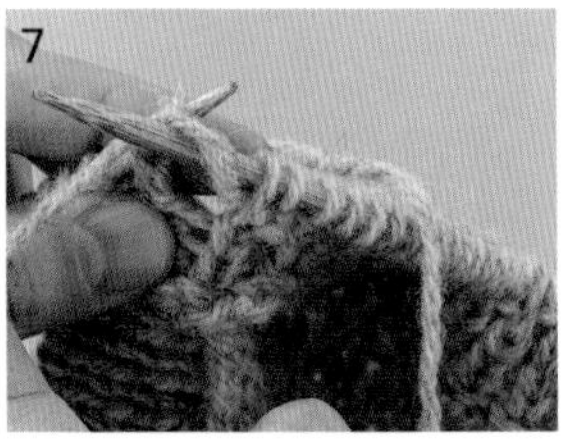

巻いた目（かけ目）の2目めに向う側から針を入れ、裏編みを編む

かけ目2目に表目、裏目（表側から見て裏目、表目）の2目が編まれ、穴があいた

続けて端まで編む

表側から見たボタン穴（数段編んだところ）

## 【輪針で往復編みする方法】

棒針同様、編み地を裏返しながら編むことで平らな編み地が編めます。目数が多い時に便利。

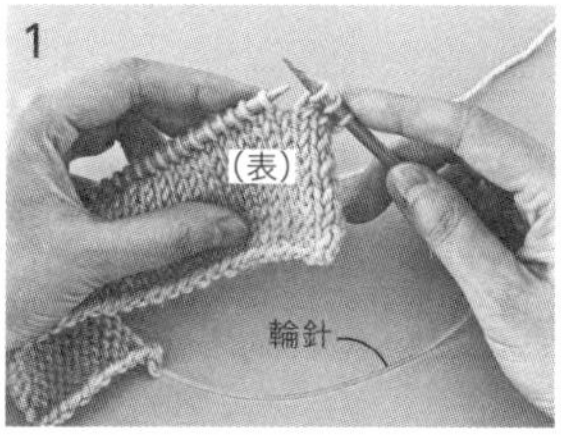


棒針と同様に編み地を左におき、編む

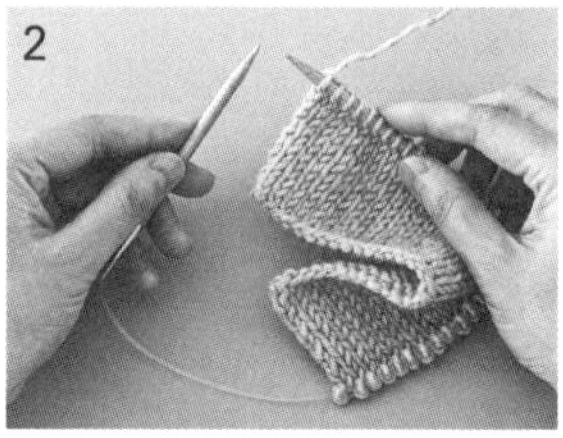


端まで編めた。右側に編み地がくる

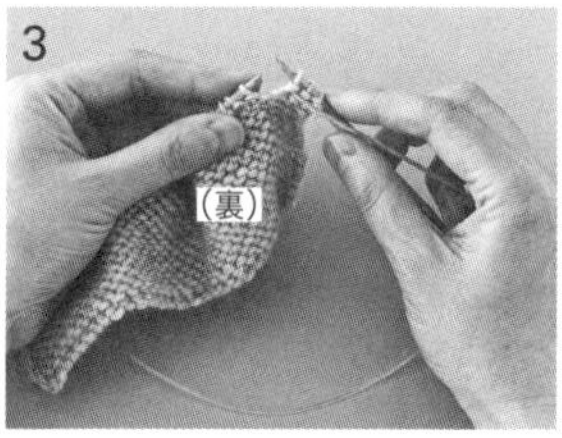


編み地を輪針ごと裏返す。編み地が左にくるので棒針と同様に編む

端まで編めた。同様に編み地を針ごと裏、表と返しながら編む

## 【マジックループで編む方法】

短いコードの輪針や4本、5本棒針を持っていなくても袖口などの細い筒状の編み地を編むことができる方法です。80cmの輪針1本でウェアから小物まで様々なサイズの輪編みができます。できるだけ柔らかいコードの輪針を使ってください。

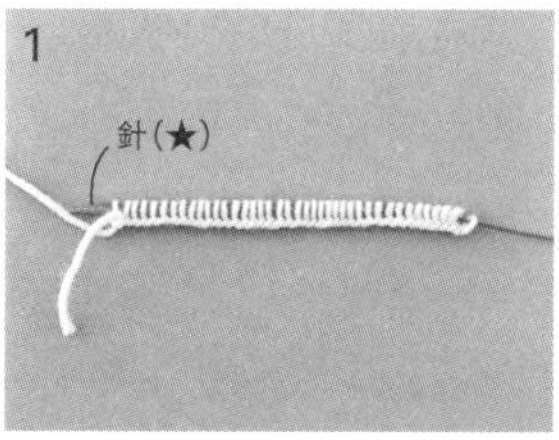


輪針の針1本（★）で「指でかける作り目」をする（1段め）

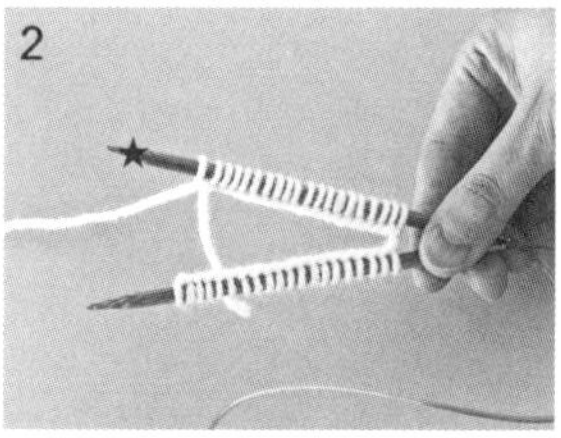


作り目を半分ずつに分ける。以降、常に編み地の手前側が表になるように針を持つようにする

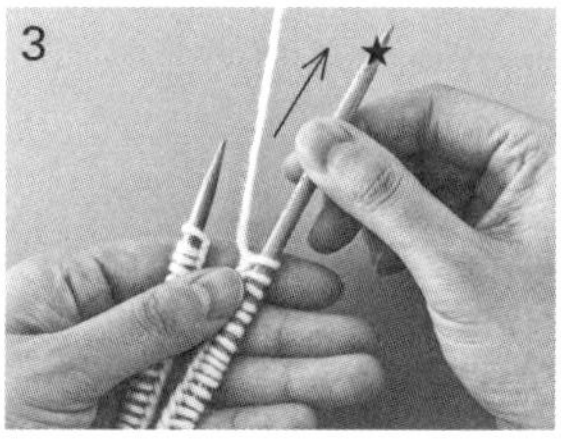


編始め側（★）の針を引き出す

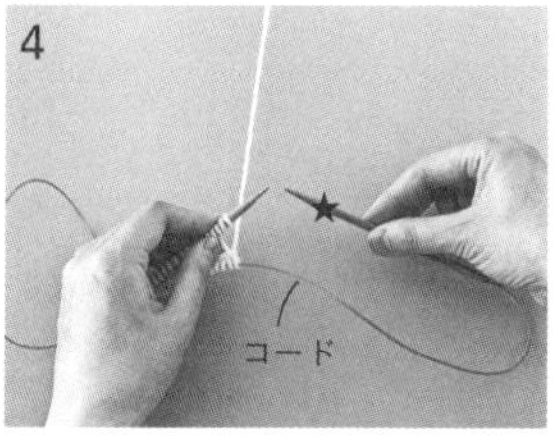


半分の作り目の目をコードに移動させ、写真のように左手で編み地を持ち、左右に針を持つ

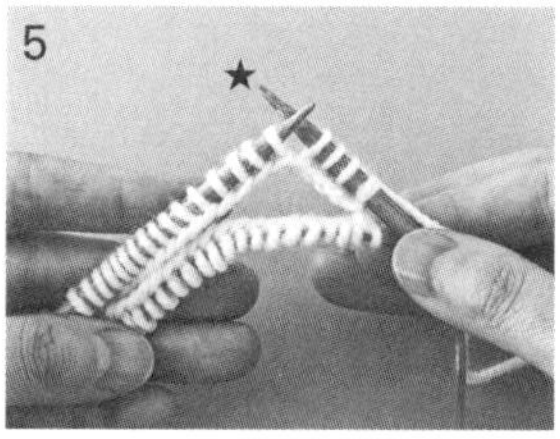


2段めを編む。最初の目は糸を引きぎみに編む。写真のように右手で針とコードを持ち、目がねじれないように半分まで編む

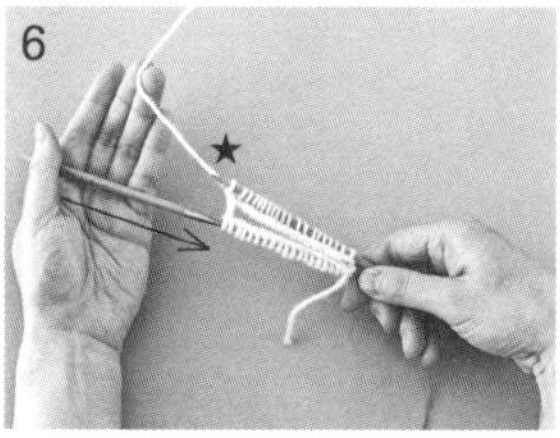


2段めの半分の目まで編んだら、コードにある目を左手で持っていた針に移動させる

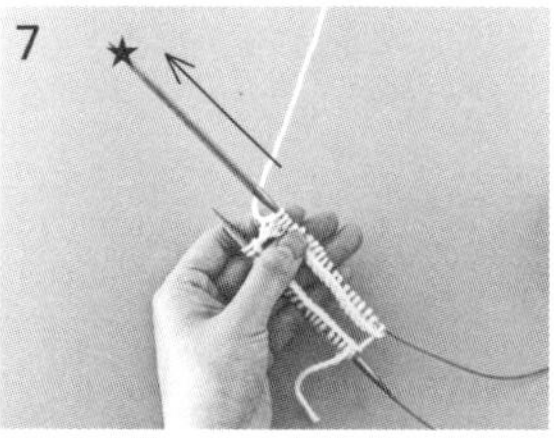


もう1本の針（★）を引き出す

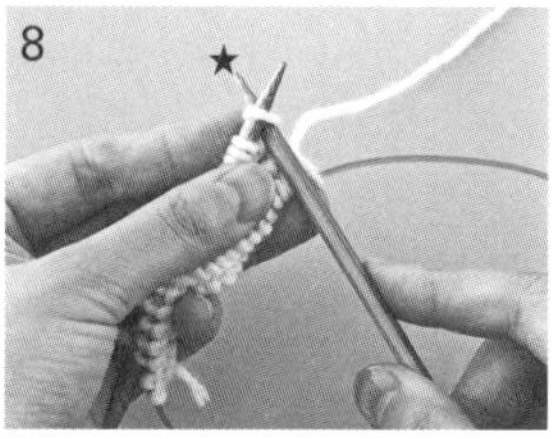


**4**と同様に左右の針を持ち、残りの半分の目を編み、2段めを編み終える

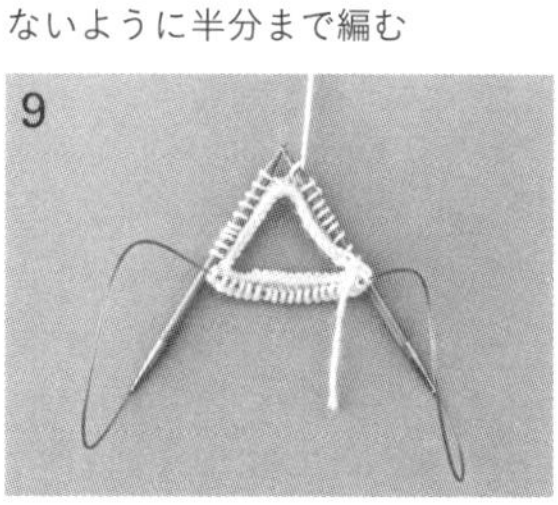


3段め以降は**3**〜**8**を繰り返して編む

p.19

# Twin cable キャップ

材料　[パピー]シェットランド ベージュ(7)65g

用具　7号40cm輪針、短4本棒針(マジックループの場合〈p.41を参照〉7号80cm輪針)、5号40cm輪針

ゲージ　模様編み 27.5目29段が10cm四方

寸法　頭回り48cm、深さ21.5cm

編み方

糸は1本どりで指定の針の号数で編みます。

5号針で指で針にかける作り目で132目作り目をし、輪にします。続けて1目ゴム編みで8段編みます。7号針に替え、模様編みで26段編みます。続けて減し目をしながら28段編みます。最終段の12目に糸を2回通し、絞ります。

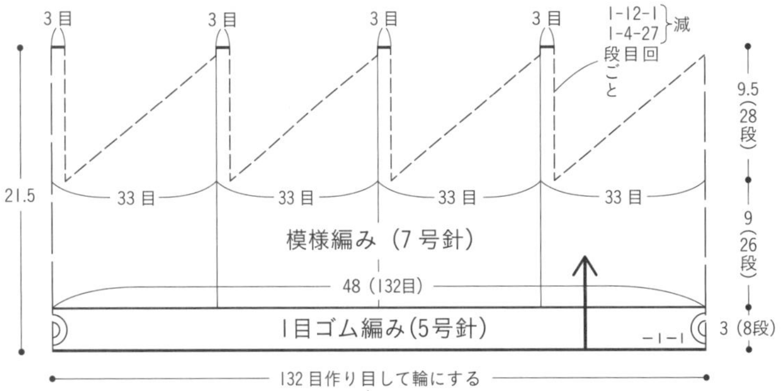


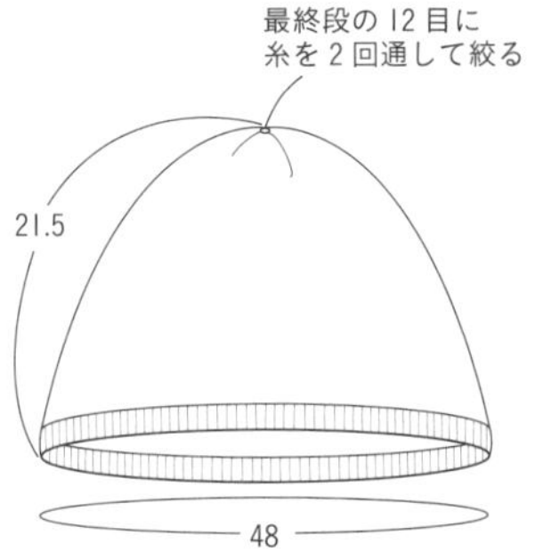


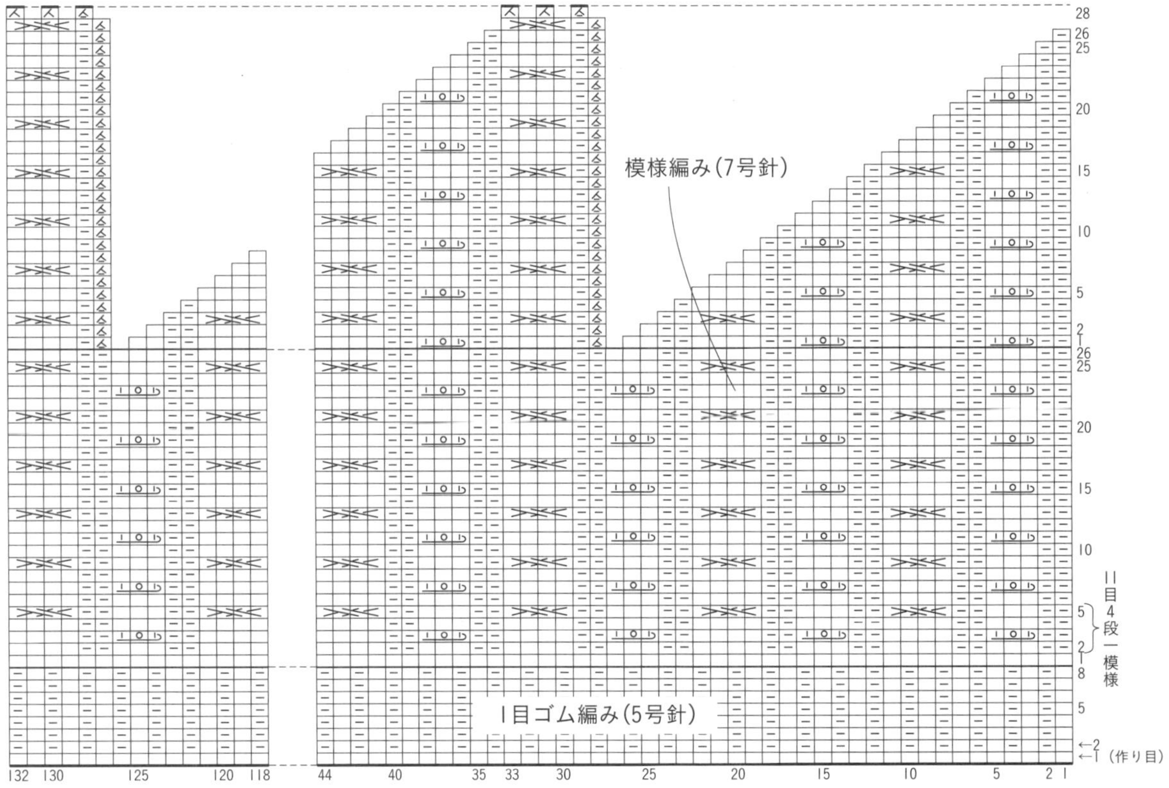


□=[I] 表目　[I O ｂ]=3目のかぶせ目〈ノット編み〉(p.81を参照)

[ー]=裏目

# Snow forest アランセーター

材料　[DARUMA] チェビオットウール きなり (1) Mサイズ 600g、Lサイズ 700g

用具　8号、6号80cm輪針（輪針で往復編み〈p.41を参照〉）、6号40cm輪針

ゲージ　模様編みA 29目が11.5cm、25段が10cm
模様編みB、B' 18目25段が10cm四方

寸法　Mサイズ 胸回り106cm、着丈61.5cm、背肩幅45.5cm、袖丈46cm（ゆき丈69cm）
Lサイズ 胸回り114cm、着丈68cm、背肩幅49.5cm、袖丈47.5cm（ゆき丈72.5cm）

編み方　[　]内はLサイズの段数、目数。
糸は1本どりで指定の針の号数で編みます。
・前後身頃を編みます。
6号針で指で針にかける作り目で108目 [116目] 作り目をします。続けて1目ゴム編みで24段編みます。8号針に替え、1段めで増し目をして120目[128目]にします。模様編みB、A、B'で68段 [84段] 編みます。袖下まちは別糸に通して休み目にし、続けて袖ぐりを模様編みB、A、B'で52段編みます。肩は6段引返しをし、休み目にします。衿ぐりは伏せ目をして減らしながら編みます。

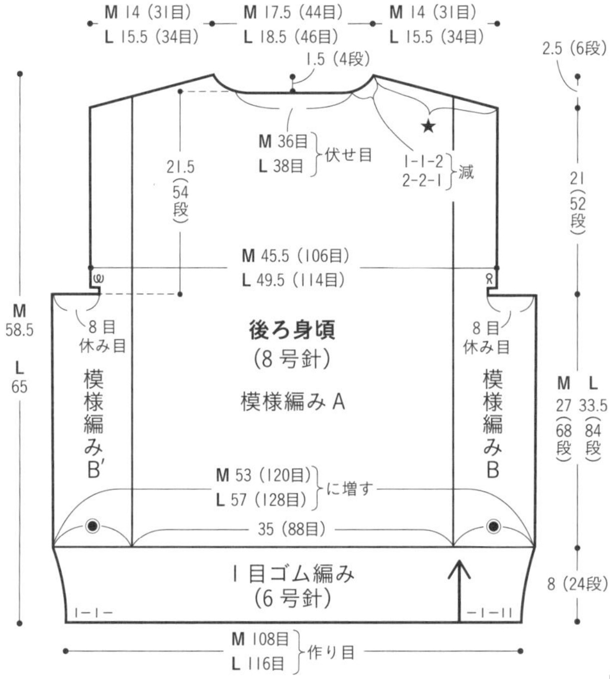


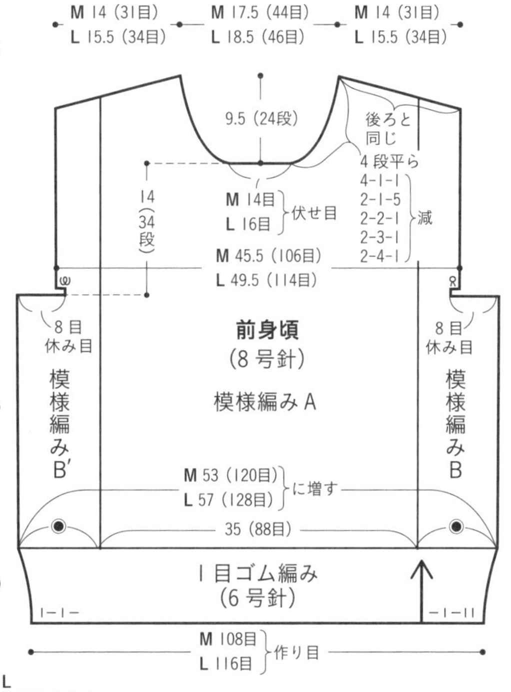


◉＝M 9 (16目)、L 11 (20目)

★＝M 7目そのまま 2-8-3 引き返す 段目回 ごと
L 8目そのまま 2-8-1 2-9-2 引き返す 段目回 ごと

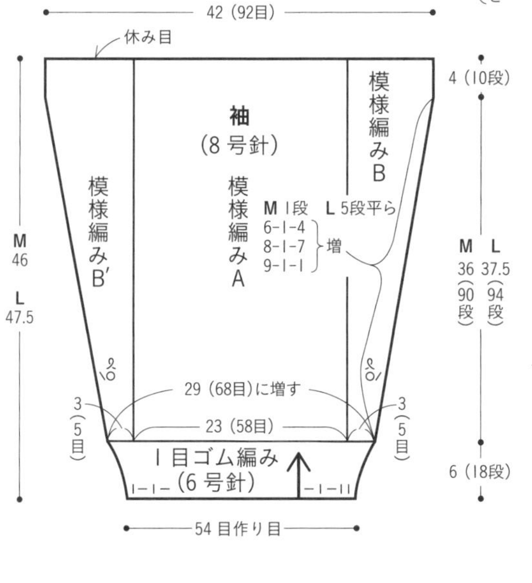


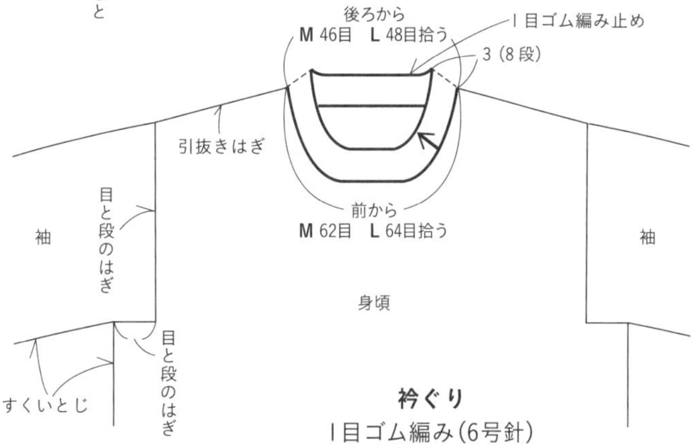


衿ぐり
1目ゴム編み(6号針)

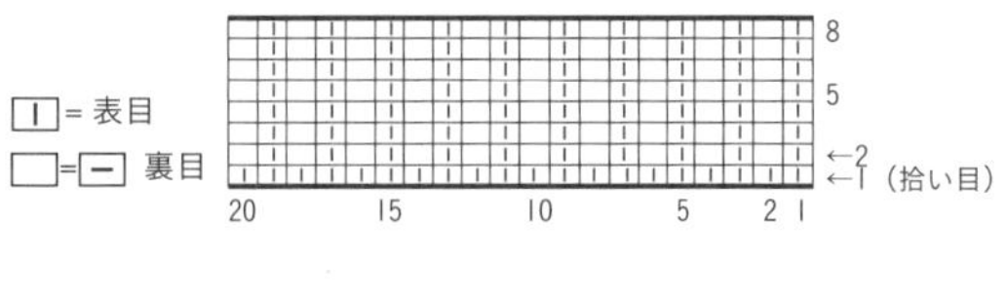

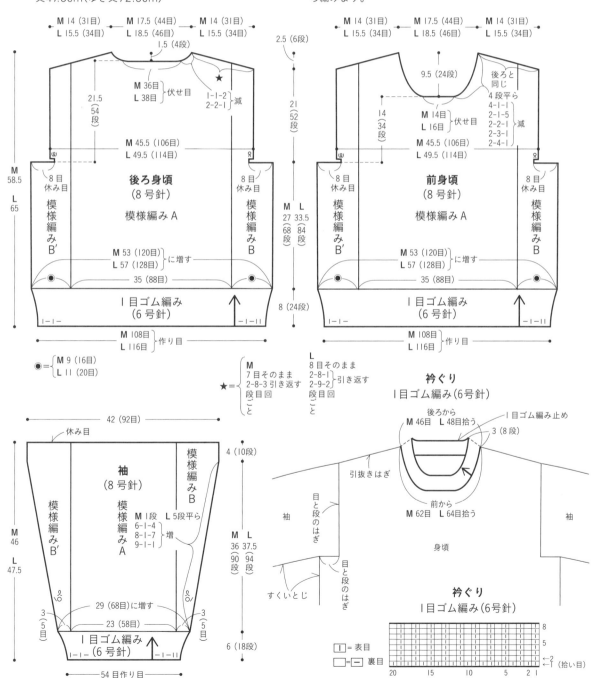

・袖を編みます。
6号針で指で針にかける作り目で54目作り目をします。続けて1目ゴム編みで18段編みます。8号針に替え、1段めで増し目をして68目にします。模様編みB、A、B'で袖下を増しながら100段[104段]編みます。

・仕上げます。
肩を引抜きはぎします。衿ぐりを拾い目して6号針で輪に1目ゴム編みで8段編みます。1目ゴム編み止め（輪編み）をします。身頃と袖、袖下まちを目と段のはぎをします。脇と袖下をすくいとじします。

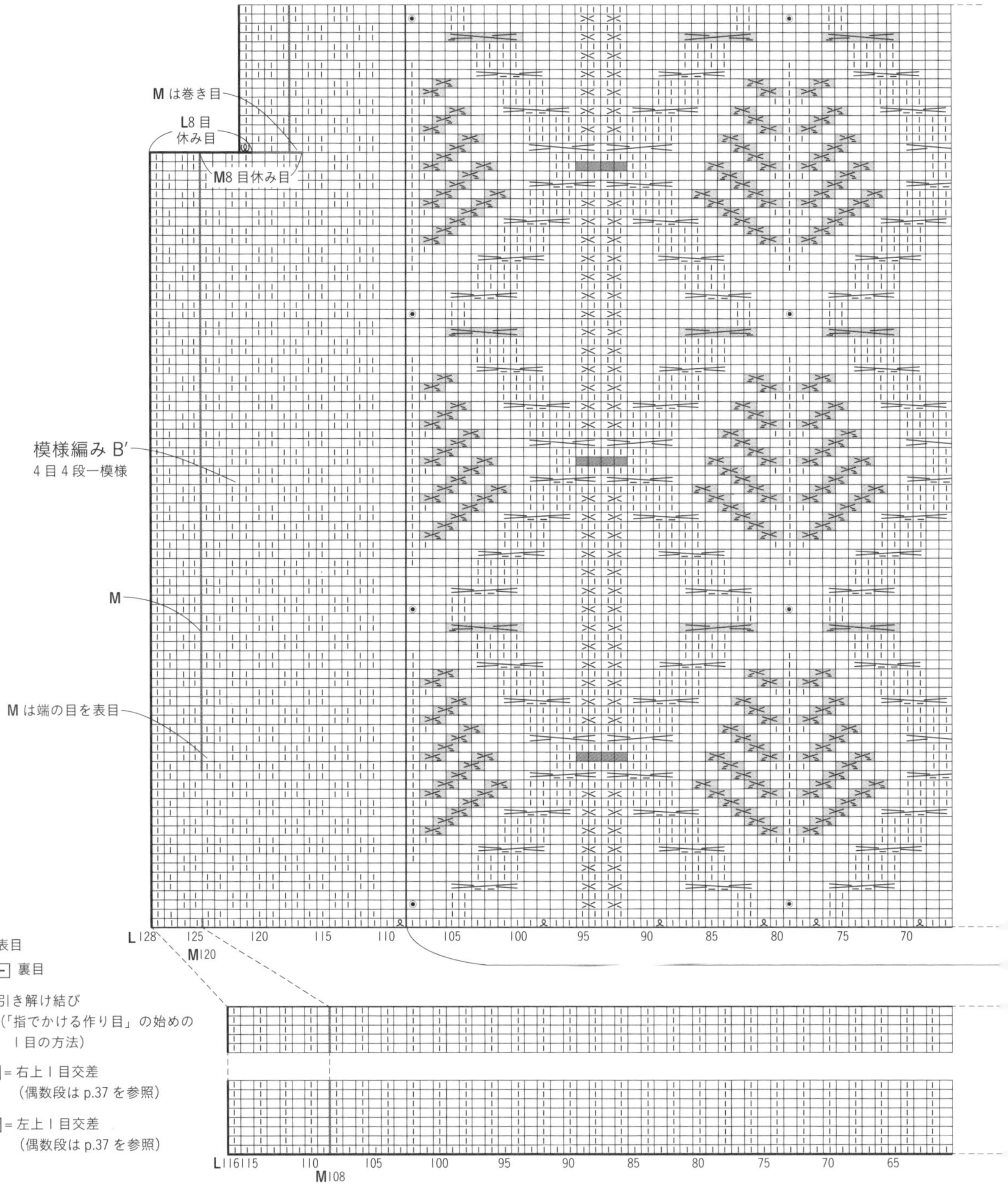


I = 表目
□=— 裏目
Ձ = 引き解け結び（「指でかける作り目」の始めの1目の方法）
= 右上1目交差（偶数段は p.37 を参照）
= 左上1目交差（偶数段は p.37 を参照）

= 左上2目交差の要領で編む（下側は表目4目）
= 右上2目交差の要領で編む（下側は表目4目）
= 左上2目交差の要領で編む（下側は裏目4目）
= 右上2目交差の要領で編む（下側は裏目4目）

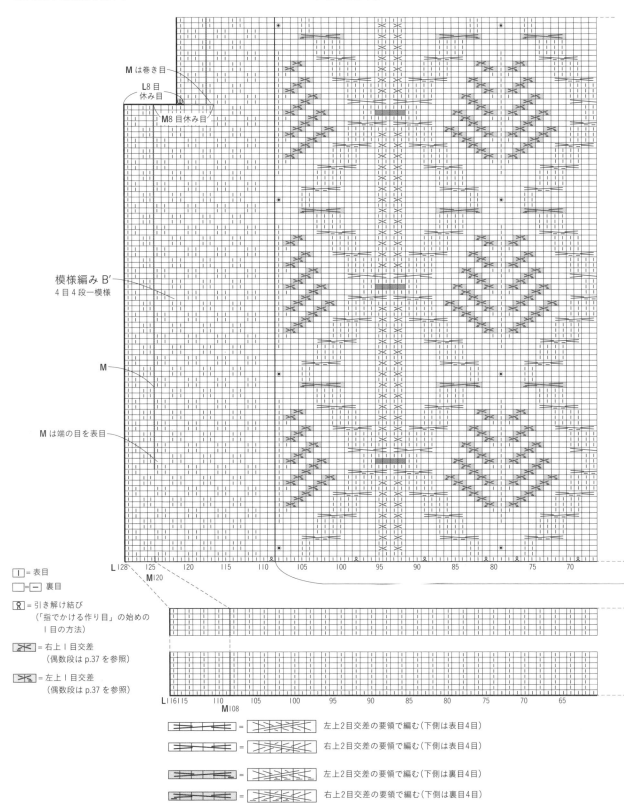

前後身頃　模様編み(8号針)

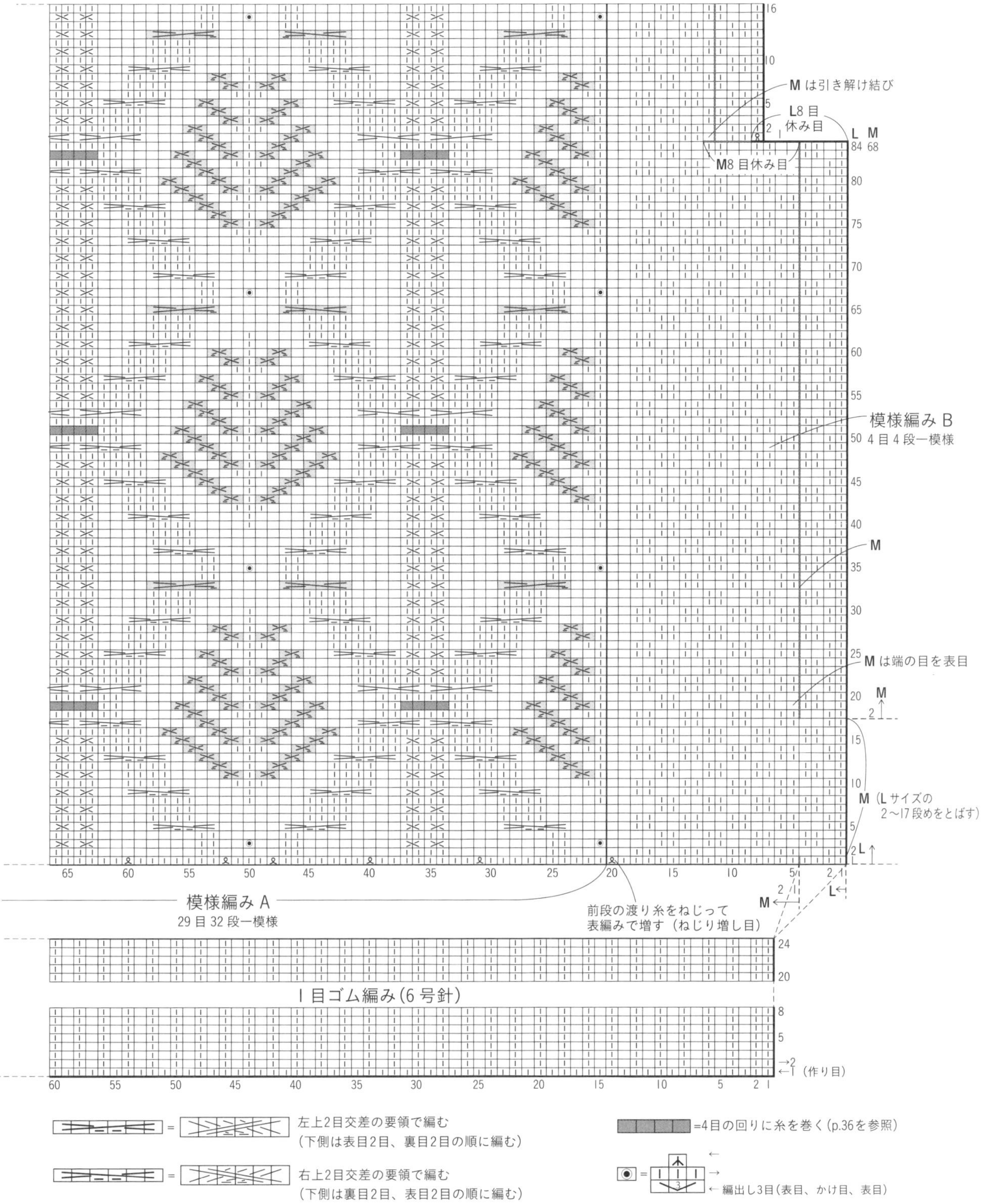
M は引き解け結び
L8 目
休み目
L M
84 68
M8 目休み目
模様編み B
4 目 4 段一模様
M
M は端の目を表目
M (L サイズの
2〜17 段めをとばす)
模様編み A
29 目 32 段一模様
前段の渡り糸をねじって
表編みで増す（ねじり増し目）
1 目ゴム編み(6 号針)
(作り目)
左上2目交差の要領で編む
(下側は表目2目、裏目2目の順に編む)
右上2目交差の要領で編む
(下側は裏目2目、表目2目の順に編む)
=4目の回りに糸を巻く(p.36を参照)
編出し3目(表目、かけ目、表目)

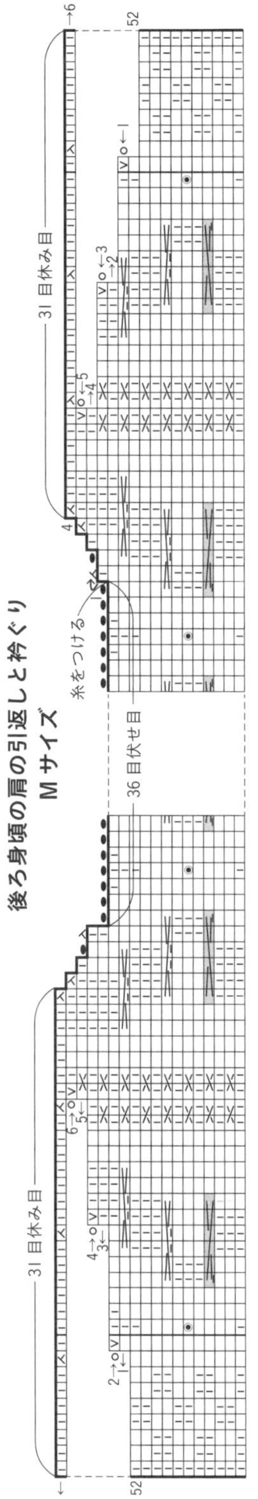


## 後ろ身頃の肩の引返しと衿ぐり Mサイズ

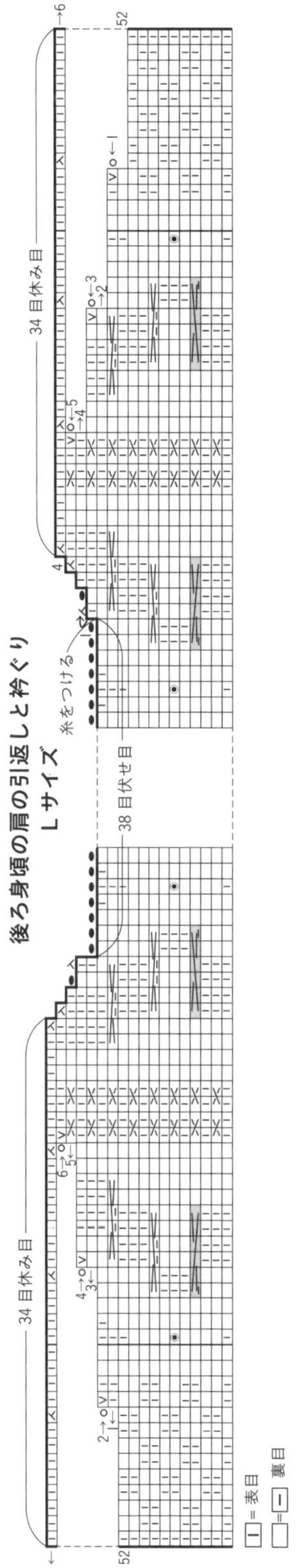


## 後ろ身頃の肩の引返しと衿ぐり Lサイズ

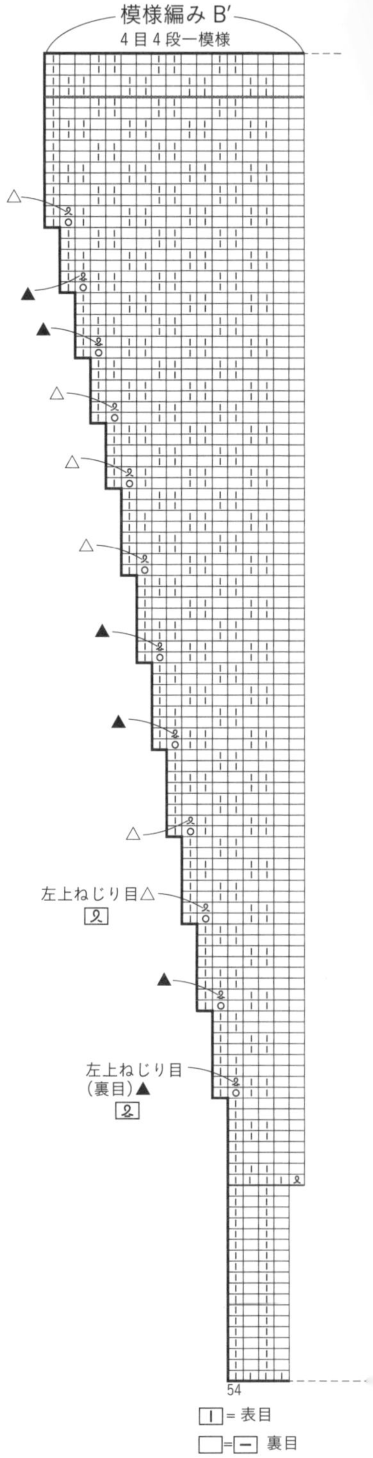

## 袖　模様編み(8号針)

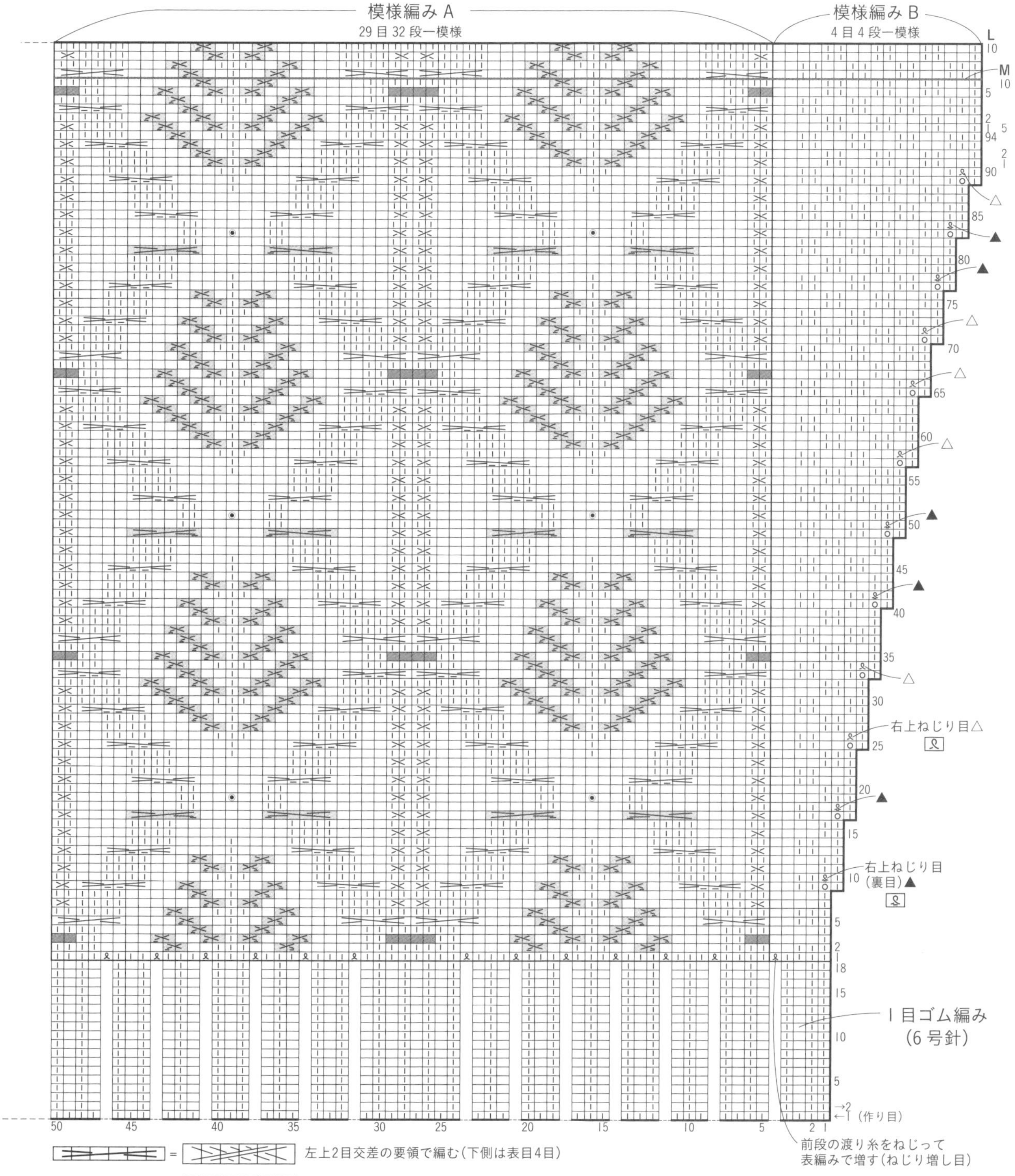


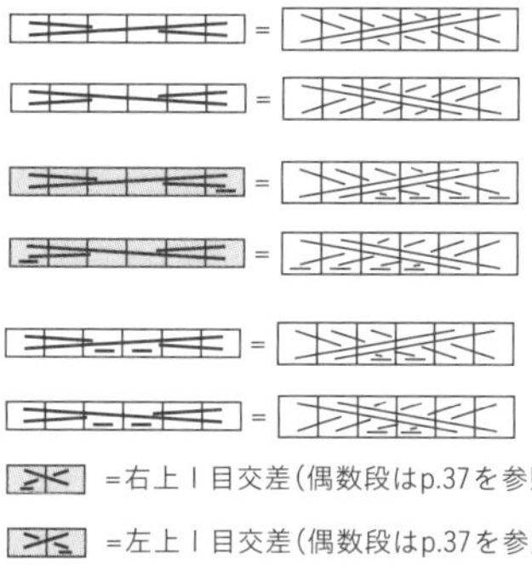

=左上2目交差の要領で編む(下側は表目4目)

=右上2目交差の要領で編む(下側は表目4目)

=左上2目交差の要領で編む(下側は裏目4目)

=右上2目交差の要領で編む(下側は裏目4目)

=左上2目交差の要領で編む(下側は表目2目、裏目2目の順に編む)

=右上2目交差の要領で編む(下側は裏目2目、表目2目の順に編む)

=右上1目交差(偶数段はp.37を参照)

=左上1目交差(偶数段はp.37を参照)

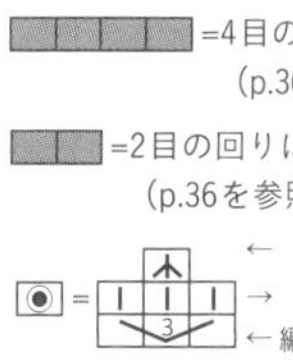

=4目の回りに糸を巻く
(p.36を参照)

=2目の回りに糸を巻く
(p.36を参照)

=編出し3目
(表目、かけ目、表目)

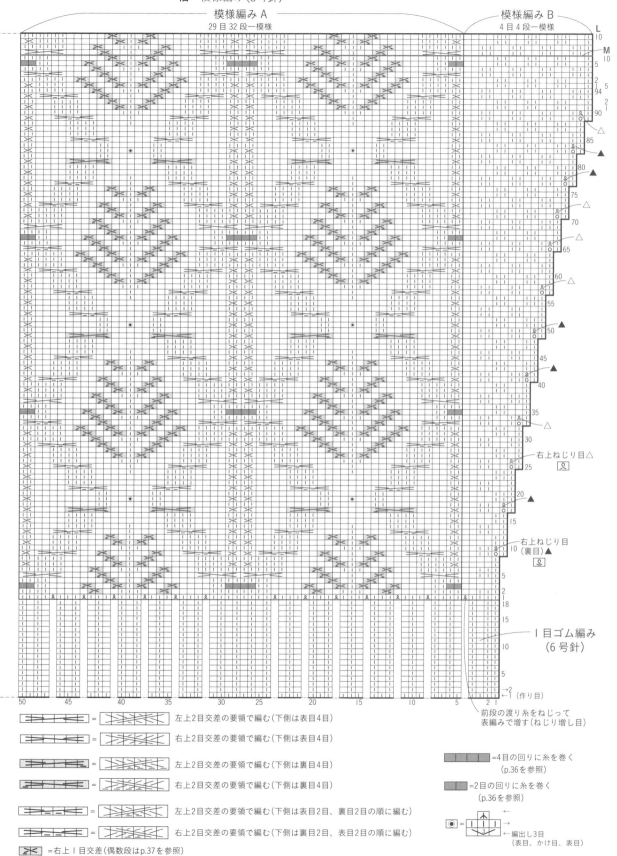

# p.7　Snow forest アランマフラー

<u>材料</u>　[DARUMA]フォークランドウール きなり(1)380g
<u>用具</u>　9号、8号2本棒針（輪針で往復編みの場合〈p.41を参照〉9号、8号80cm輪針）
<u>ゲージ</u>　模様編みA 28目が10cm、32段が12cm
模様編みB 20目26.5段が10cm四方
模様編みC、C' 6目が2.5cm、26.5段が10cm(9号針の場合)
模様編みD11目が4cm、26.5段が10cm(9号針の場合)
<u>寸法</u>　幅約15cm、丈158.5cm

<u>編み方</u>
糸は1本どりで指定の針の号数で編みます。
8号針で指で針にかける作り目で72目作り目をします。続けて模様編みC、D、C'と1目ゴム編みで16段編みます。9号針に替え、1段めで74目に増し目をして模様編みC、A、D、B、C'で388段編みます。8号針に替え、2段めで減し目をして模様編みC、D、C'と1目ゴム編みで16段編みます。編終りは前段と同じ記号を編みながら伏止めをします。
・仕上げます。
両端をすくいとじし、筒状にします。

<u>ポイント</u>
交差模様は段数が数えにくいので、往復編みで編み、段数を数えやすくしています。編み地の両端は表目を編むと、仕上げのすくいとじをするときわかりやすいです。

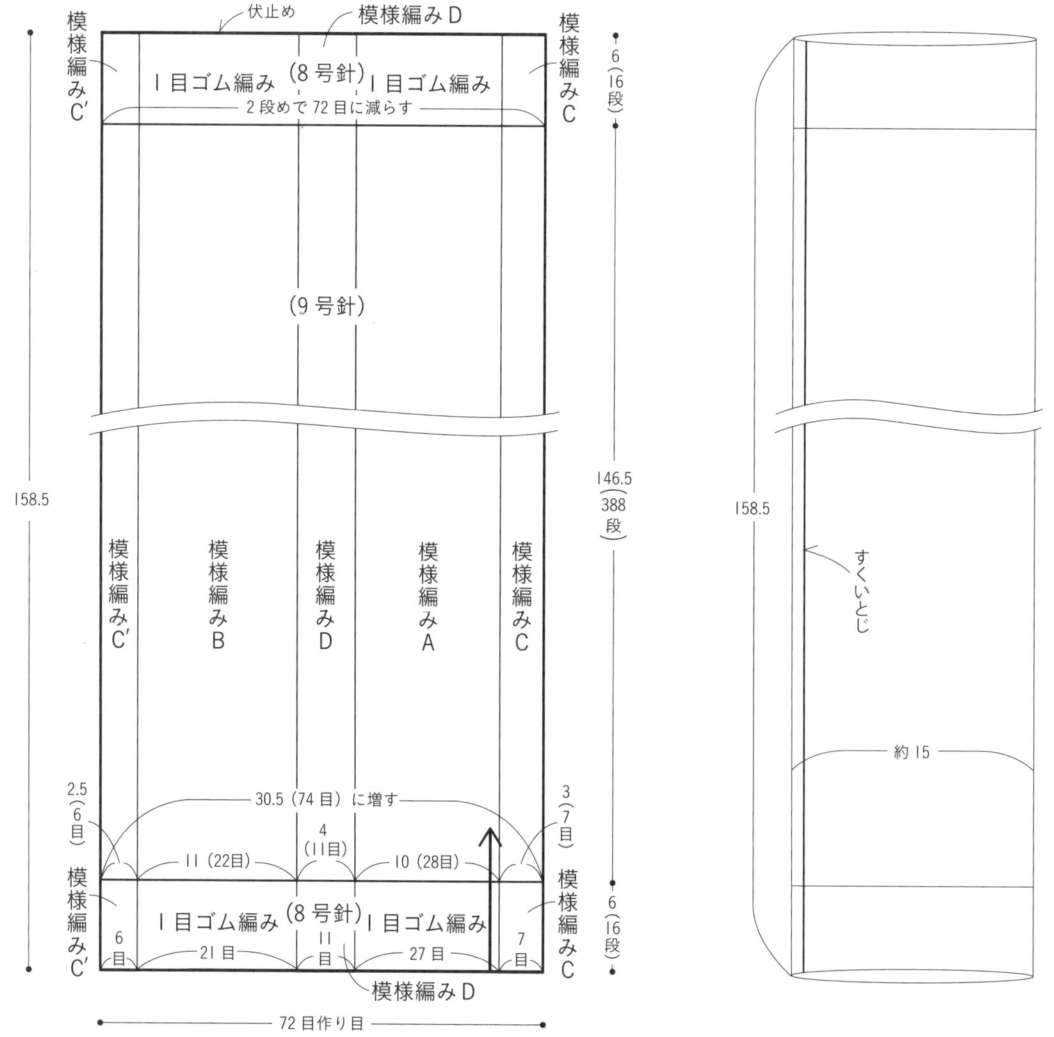

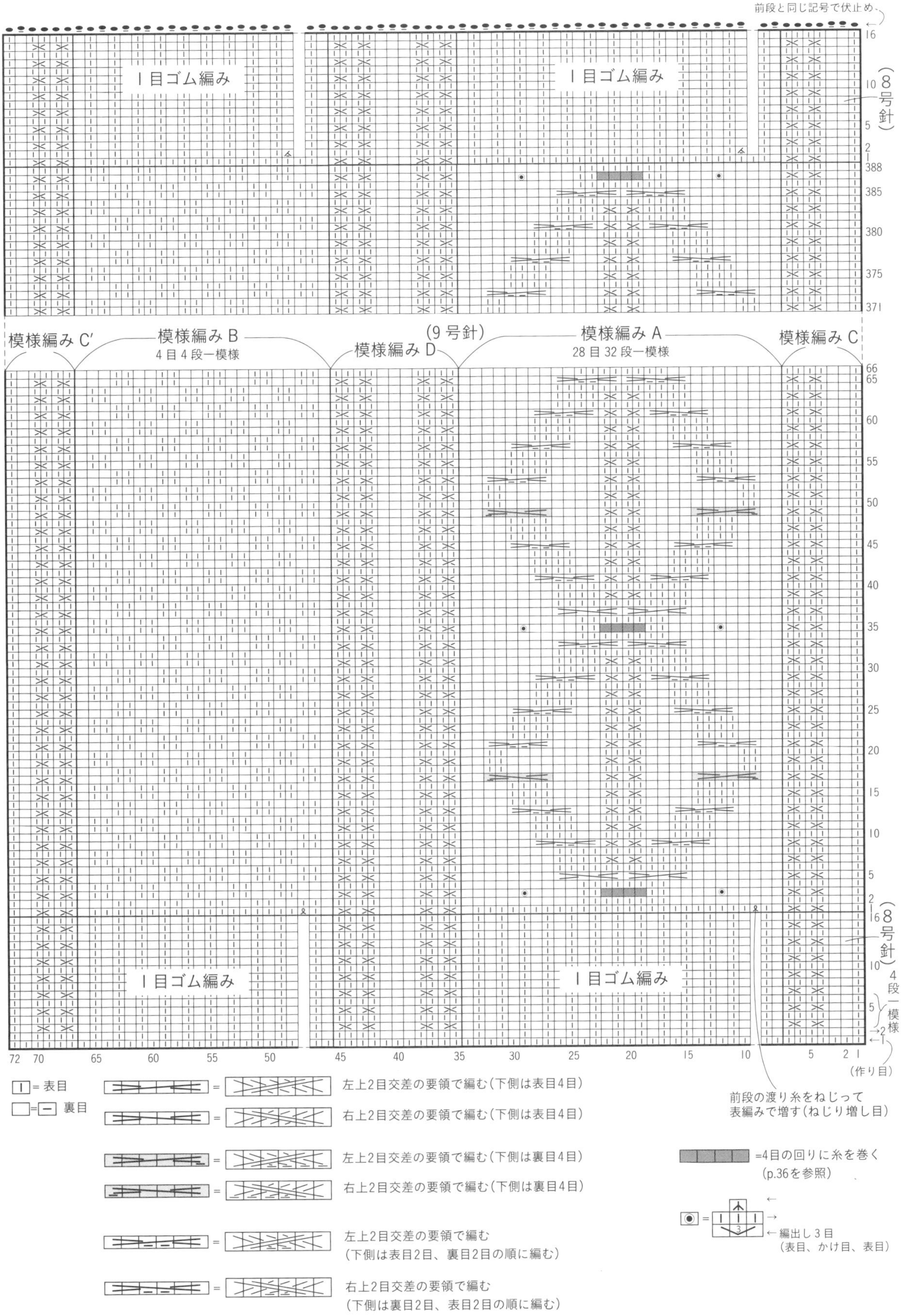
前段と同じ記号で伏止め
1目ゴム編み
1目ゴム編み
(8号針)
模様編みC′
模様編みB
4目4段一模様
(9号針)
模様編みD
模様編みA
28目32段一模様
模様編みC
1目ゴム編み
1目ゴム編み
(8号針)
4段一模様
(作り目)
□ = 表目
□=□ 裏目
= 左上2目交差の要領で編む(下側は表目4目)
= 右上2目交差の要領で編む(下側は表目4目)
= 左上2目交差の要領で編む(下側は裏目4目)
= 右上2目交差の要領で編む(下側は裏目4目)
= 左上2目交差の要領で編む
(下側は表目2目、裏目2目の順に編む)
= 右上2目交差の要領で編む
(下側は裏目2目、表目2目の順に編む)
前段の渡り糸をねじって
表編みで増す(ねじり増し目)
=4目の回りに糸を巻く
(p.36を参照)
← 編出し3目
(表目、かけ目、表目)

p.8 ツイード模様のベスト

<u>材料</u> [DARUMA]シェットランドウール オートミール(2) Mサイズ 125g、Lサイズ150g、エメラルド(13)Mサイズ 70g、Lサイズ 85g、チョコレート(3)Mサイズ 65g、Lサイズ 75g

<u>用具</u> 7号、4号80cm輪針（輪針で往復編み〈p.41を参照〉)、4号40cm輪針

<u>ゲージ</u> 模様編み 23.5目42段が10cm四方

<u>寸法</u> Mサイズ 胸回り97cm、着丈55cm、背肩幅38.5cm
Lサイズ 胸回り105cm、着丈61.5cm、背肩幅42.5cm

<u>編み方</u> ※[ ]内はLサイズの段数、目数。

糸は1本どりで指定の配色、針の号数で編みます。

・前後身頃を編みます。

4号針で指で針にかける作り目で102目[114目]作り目をします。続けて2目ゴム編みで20段[24段]編み、休み目にします。同様に2枚編みます。7号針で休み目から輪に拾い目をし、1段めで増減をして前後身頃全体で228目[246目]にします。模様編み(p.37を参照)を輪に90段[102段]編みます。袖ぐり下は別糸に通して休み目にし、前身頃、後ろ身頃に分けます。それぞれ模様編み(p.37を参照)を往復編みで袖ぐりを減らしながら102段[114段]編みます。衿ぐりは伏せ目をして減らしながら編みます。肩は休み目にします。

・仕上げます。

肩を引抜きはぎします。衿ぐり、袖ぐりを拾い目して4号針で輪に2目ゴム編みで8段編みます。2目ゴム編み止め（輪編み）をします。

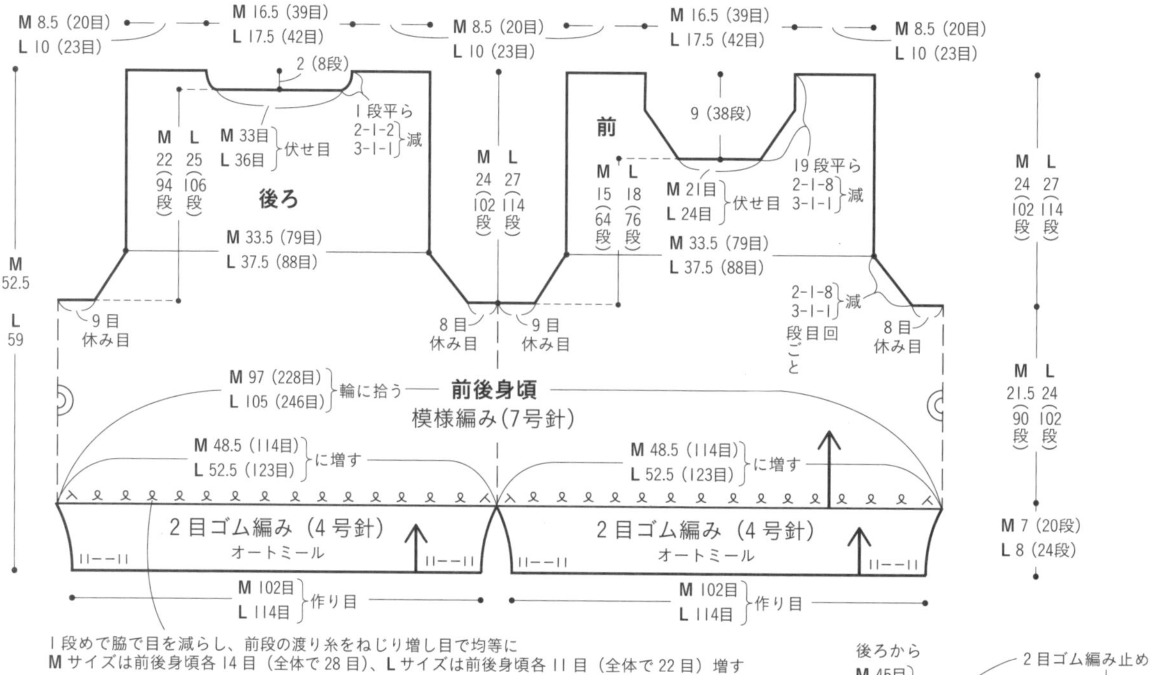


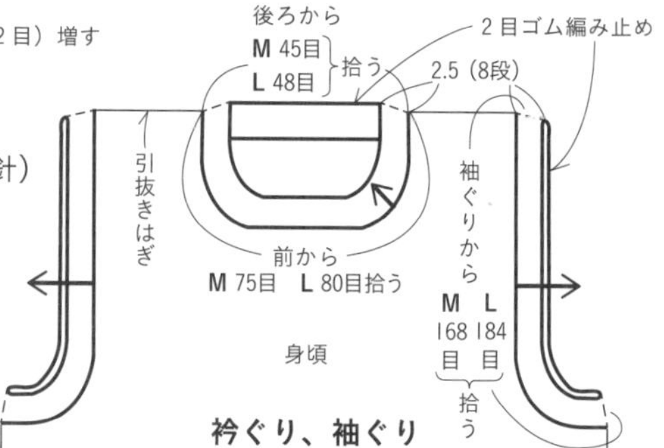


身頃
2目ゴム編み(4号針)
オートミール

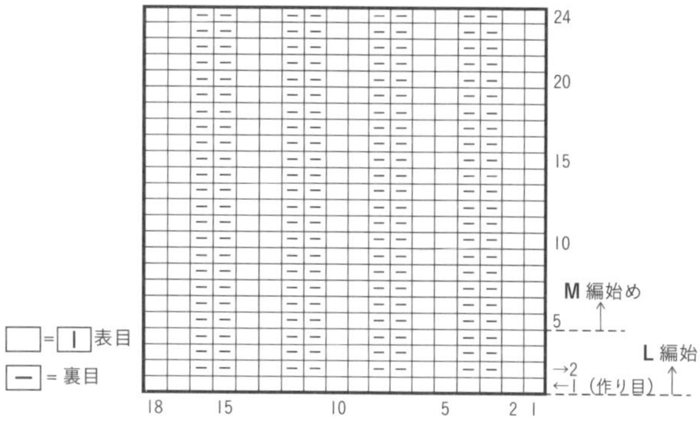


衿ぐり、袖ぐり
2目ゴム編み(4号針)
オートミール

衿ぐり、袖ぐり
2目ゴム編み(4号針)
オートミール

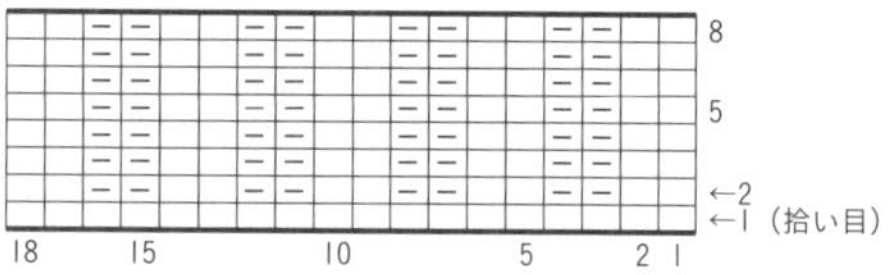

## 前後身頃

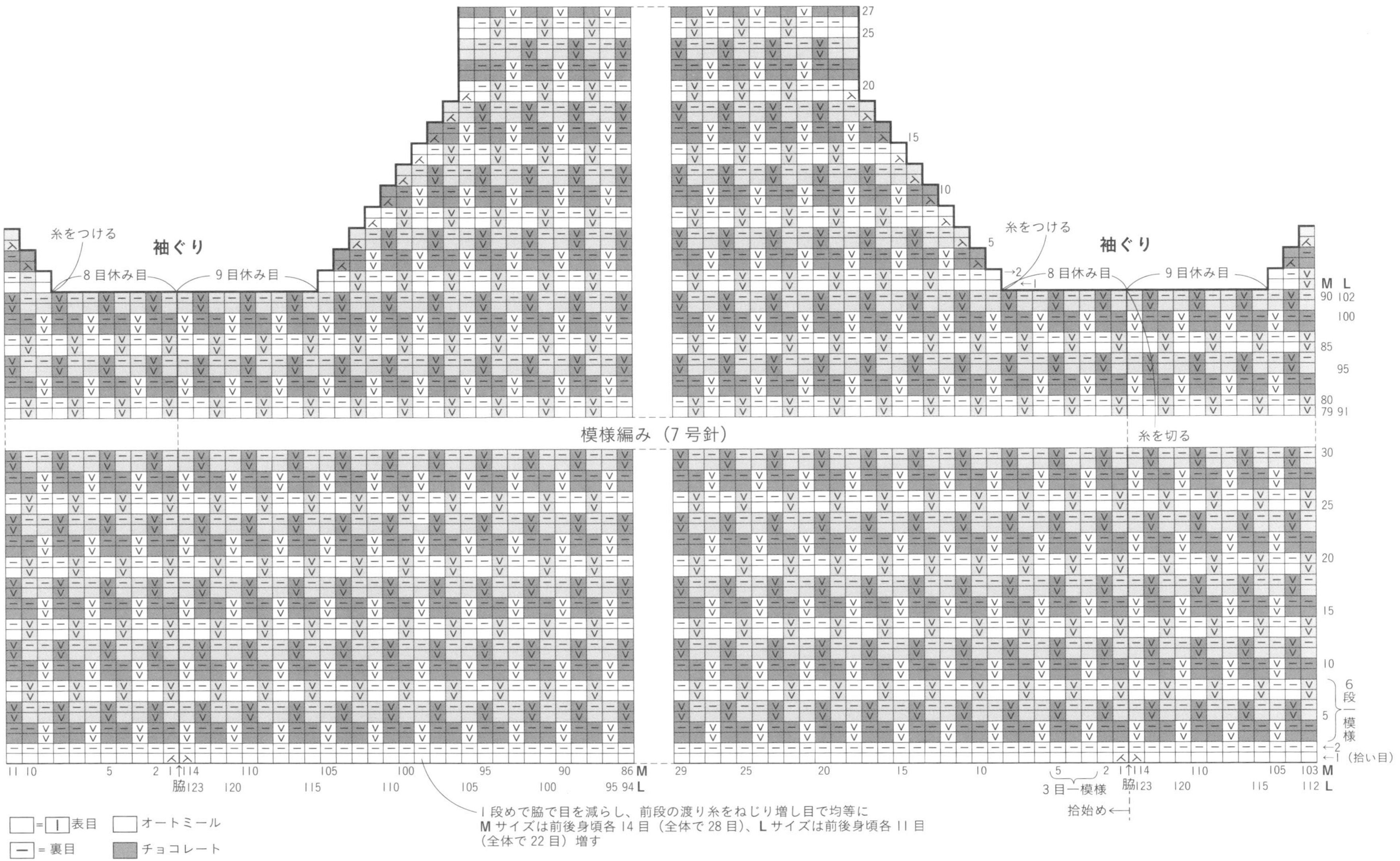


□＝|表目
—＝裏目
□ オートミール
■ チョコレート
▨ エメラルド

p.10 
## ピスタチオグリーンのくつ下

<u>材料</u>　[パピー] ブリティッシュファイン 白(01)25g、淡黄色(73)10g
パピーニュー2PLY ベージュ(212)20g
キッドモヘアファイン 黄緑(51)22g
<u>用具</u>　6号、4号短5本棒針(マジックループの場合〈p.41を参照〉6号、4号80cm輪針)
<u>ゲージ</u>　メリヤス編み 20目26.5段が10cm四方
<u>寸法</u>　足底21.5cm、はき丈19cm(足のサイズは23.5cm)

<u>編み方</u>
糸は各種1本ずつを引きそろえ、3本どりで指定の針の号数で編みます。3本どりの引きそろえは凡例のA色、B色を参照します。
・本体を編みます。
6号針、A色の糸で別鎖の裏山を拾う作り目で40目作り目をし、輪にします。続けてメリヤス編みで66段編みます。途中かかと穴部分は別糸を編み込みます(p.38を参照)。つま先はB色の糸で両端で減らしながらメリヤス編みで12段編みます。合い印どうしをメリヤスはぎします。
・かかとを編みます。
本体の別糸をほどき、6号針、B色の糸でかかとの目を42目輪に拾います(p.38を参照)。かかとの両脇で減らしながらメリヤス編みで輪に12段編みます。合い印どうしをメリヤスはぎします。
・はき口を編みます。
本体の別鎖をほどき、4号針、B色の糸で40目拾い目をします。続けて1目ゴム編みで輪に6段編みます。1目ゴム編み止め(輪編み)をします。
同様にもう1足編みます。

<u>ポイント</u>
指で針にかける作り目で1目ゴム編みから編み始めてもかまいません。

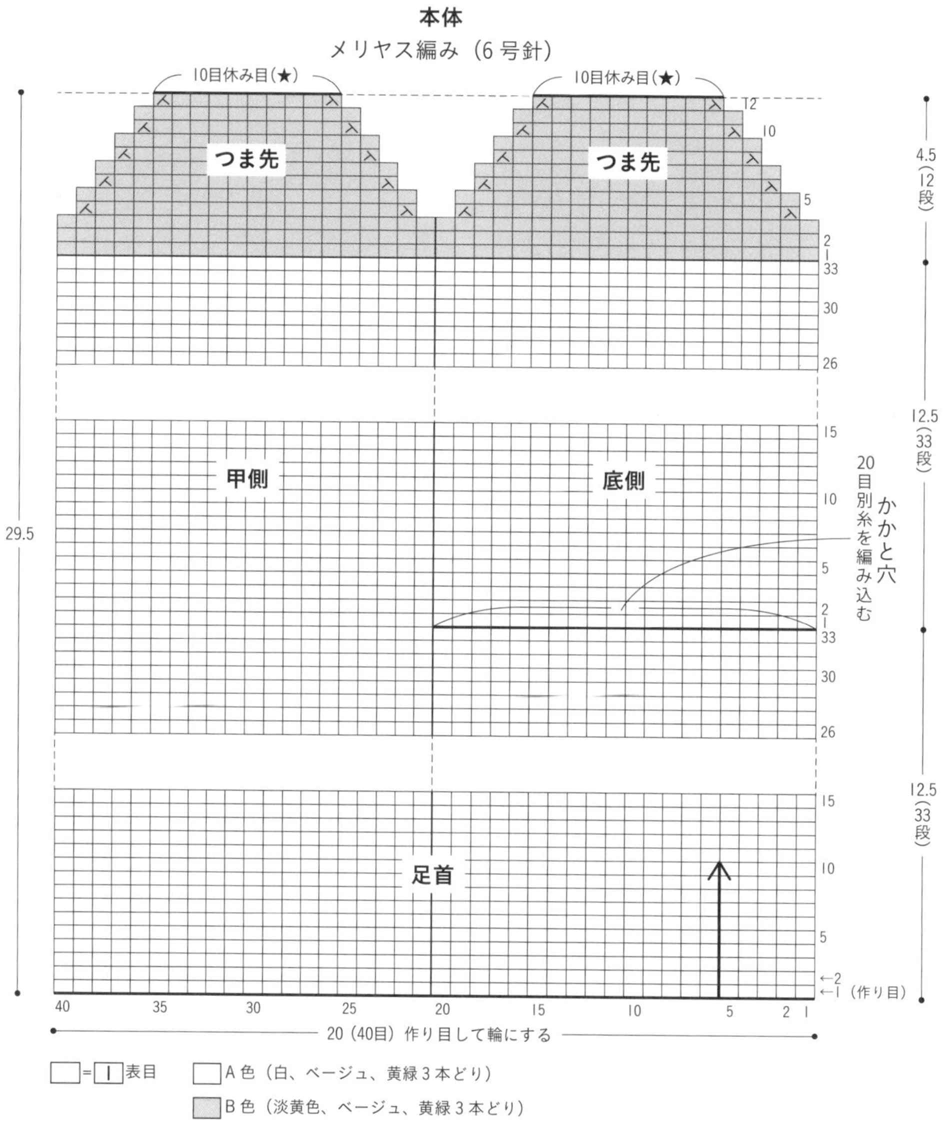

### かかとの目の拾い方

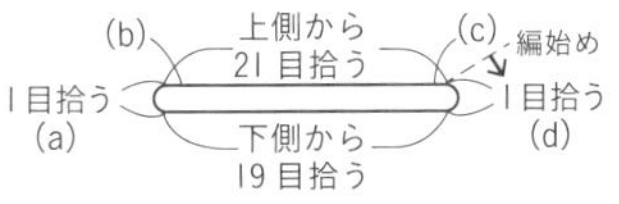


※拾い方はp.38を参照。
ただし、dの位置から
編み始める

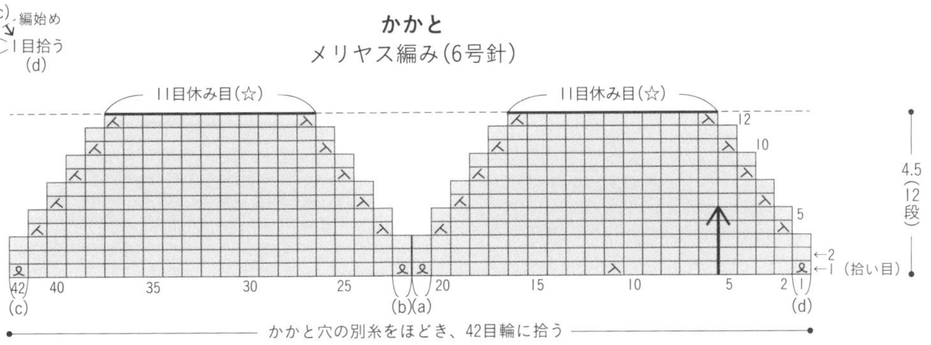


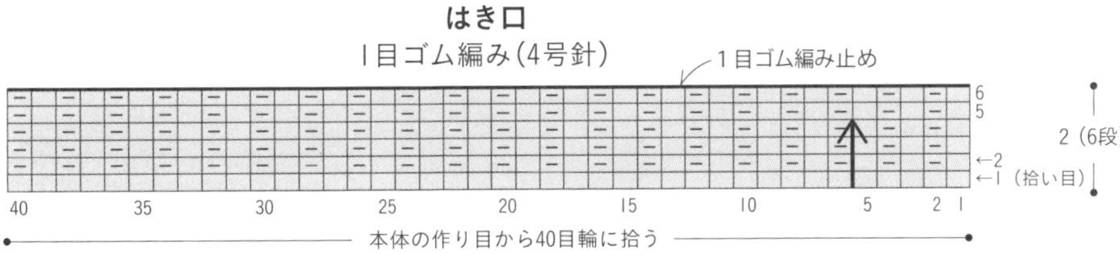

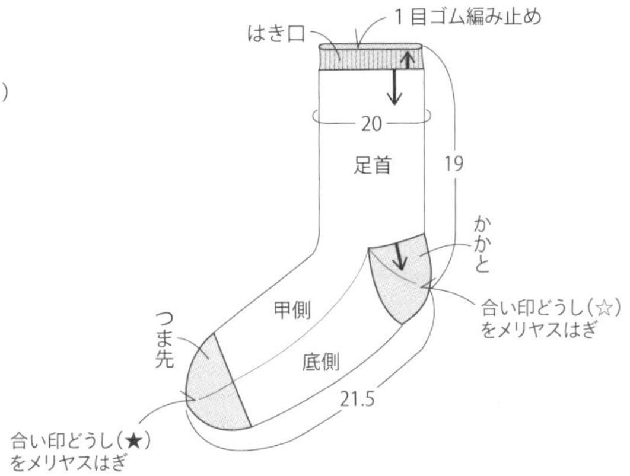


---

## p.6　Snow forest ミトン

材料　[パピー]ブリティッシュファイン グレー(24)21g、白(01)18g

用具　3号短5本棒針(マジックループの場合〈p.41を参照〉3号80cm輪針)

ゲージ　編込み模様 32目30段が10cm四方

寸法　手のひら回り19cm、丈24cm

編み方

糸は1本どり、指定の配色で編みます。

・右手本体を編みます。

グレーの糸で指で針にかける作り目(p.89「指でかける作り目 親指側にかける糸を2本どりにする方法」を参照)で52目作り目をし、輪にします。続けて編込み2目ゴム編みで15段編みます。1段めで54目に増し、親指まちで増し目をして62目にし、編込み模様を45段編みます。途中親指穴部分は別糸を通し、休ませておきます。次の段で巻き目で11目作り目します(p.36を参照)。指先は減らしながら14段編みます。最終段の6目に糸を2回通し、絞ります。

・親指を編みます。

本体の休み目と巻き目、角から1目ずつ、合計24目拾い目をして輪に編みます(p.36を参照)。続けて編込み模様で14段編みます。指先を減し目をしながら4段編みます。最終段の8目に糸を2回通し、絞ります。

・左手を編みます。

同様に左手を編みますが、手のひら側は親指位置が左右対称になるので注意します。

ポイント

糸が細いので、補強と編み地の厚みのバランスをとるために、作り目をp.89「指でかける作り目 親指側にかける糸を2本どりにする方法」にしています。

**親指穴のあけ方**

21段め白の糸、
グレーの糸の順で交互に
巻き目で作り目をする
(p.36を参照)

(p.36を参照)

**親指の目の拾い方**

巻き目から11目拾う
休み目から11目拾う
1目拾う(●)
1目拾う(○)

□=｜表目　―=裏目　グレー(地糸)　白(配色糸)

=左手の親指穴位置

=右手の親指穴位置

**親指** 編込み模様

最終段の8目に糸を2回通して絞る

親指穴から24目輪に拾う

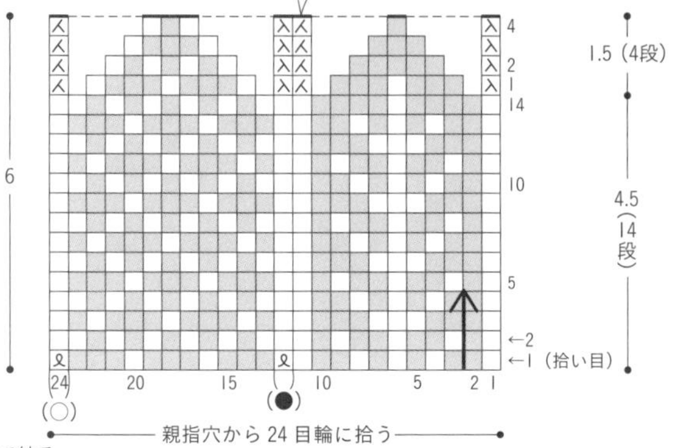


最終段の6目に糸を2回通して絞る

手のひら側　甲側

**本体** 編込み模様

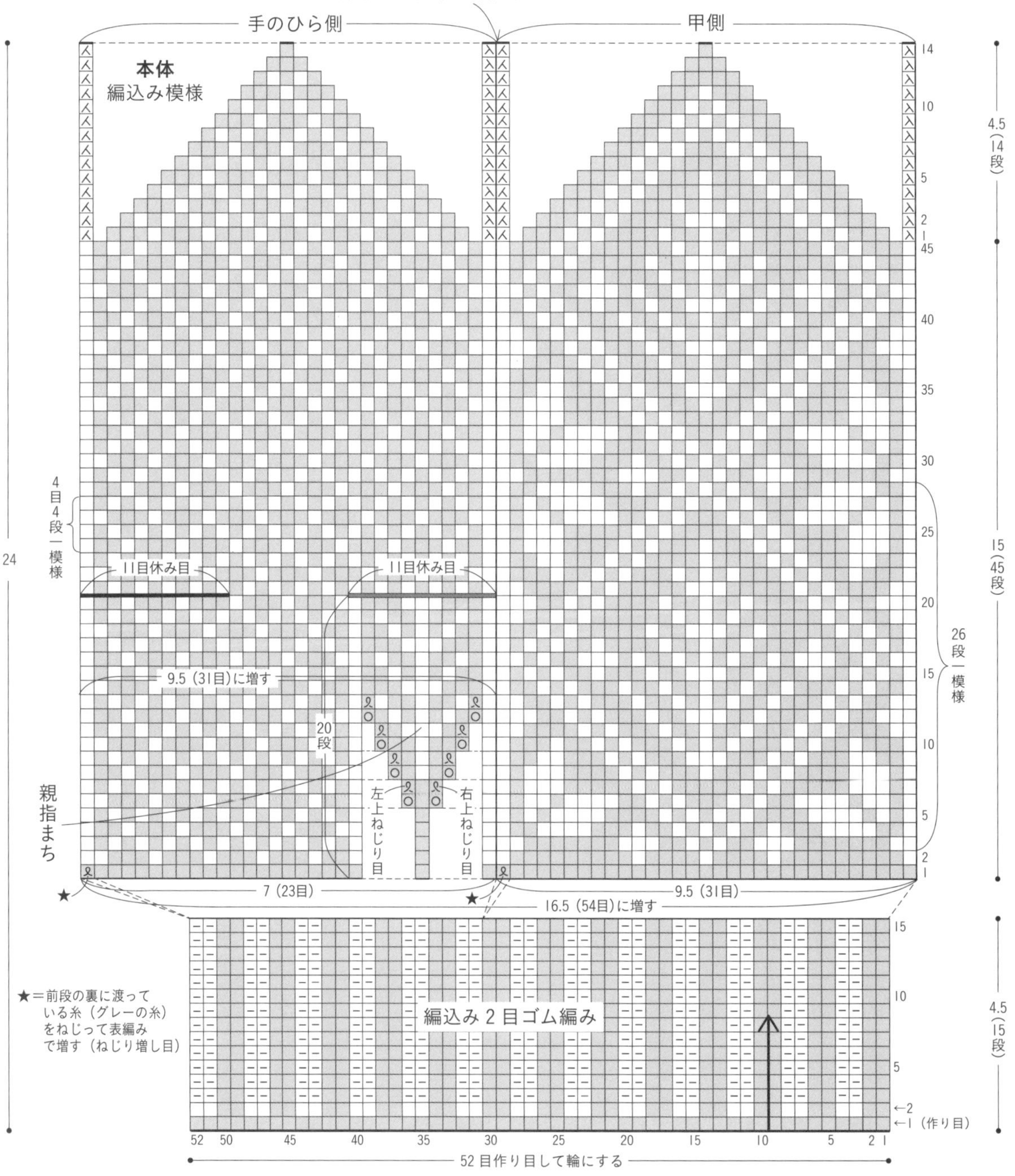


★=前段の裏に渡っている糸(グレーの糸)をねじって表編みで増す(ねじり増し目)

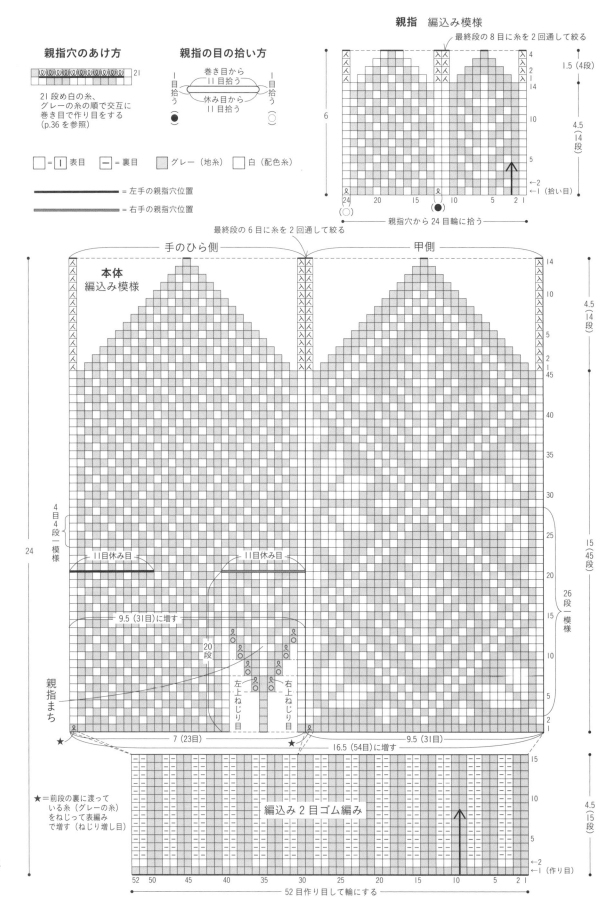

## p.12　星のセーター

<u>材料</u>　[DARUMA]シェットランドウール ネイビー(5) 345g、きなり(1)95g

<u>用具</u>　6号、5号、4号80cm輪針(マジックループで編む〈p.41を参照〉)

<u>ゲージ</u>　メリヤス編み 24目33段が10cm四方
　　編込み模様A、B 25.5目26段が10cm四方

<u>寸法</u>　胸回り105cm、着丈63cm、ゆき丈72cm

<u>編み方</u>

糸は1本どりで指定の配色、針の号数で編みます。

・前後身頃を編みます。

5号針で別鎖の裏山を拾う作り目で252目作り目をし、輪にします。続けてメリヤス編みで56段編みます。6号針に替え、1段めで増し目をして268目にします。編込み模様Aで36段編みます。ただし、脇の1目(134目め、268目め)は模様を入れず、ネイビーの糸で編みます。袖下まちは別糸に通して休み目にし、前後身頃はそれぞれ別糸に通して休ませておきます。

・袖を編みます。

5号針で別鎖の裏山を拾う作り目で66目作り目をし、輪にします。続けてメリヤス編みで増しながら66段編みます。6号針に替え、1段めで増し目をして88目にします。編込み模様Bで袖下で増しながら36段編みます。ただし、袖下の1目めは模様を入れず、ネイビーの糸で編みます。袖下まちは別糸に通して休み目にし、袖は別糸に通して休ませておきます。もう1枚も同様に編みます。

・ヨーク、衿ぐりを編みます。

6号針で前後身頃、袖から拾い目します。編込み模様A・Bでラグラン線を減目しながら輪に29段編みます。続けて5号針に替え、メリヤス編みでラグラン線を減目しながら24段編みます。4号針に替え、1目ゴム編みで10段編みます。1目ゴム編み止め(輪編み)をします。

・裾、袖口を編みます。

前後身頃の別鎖をほどき、4号針で252目拾い目をします。1目ゴム編みで輪に26段編みます。1目ゴム編み止め(輪編み)をします。袖の別鎖をほどき、4号針で66目拾い目をします。1目ゴム編みで輪に23段編みますが、2段めで52目に減目して編みます。1目ゴム編み止め(輪編み)をします。

・仕上げます。

袖下まちをネイビーの糸でメリヤスはぎします。

<u>ポイント</u>

身頃は前後同じなのでどちらを前に着ても大丈夫です。

サイズ調整のヒント―着丈、ゆき丈は身頃や袖のメリヤス編み部分で段数を増減して調整してください。胸回りは編込み模様の一模様が大きく、細かな調整が難しいので、ゲージや糸を変えるなどで調整してください。

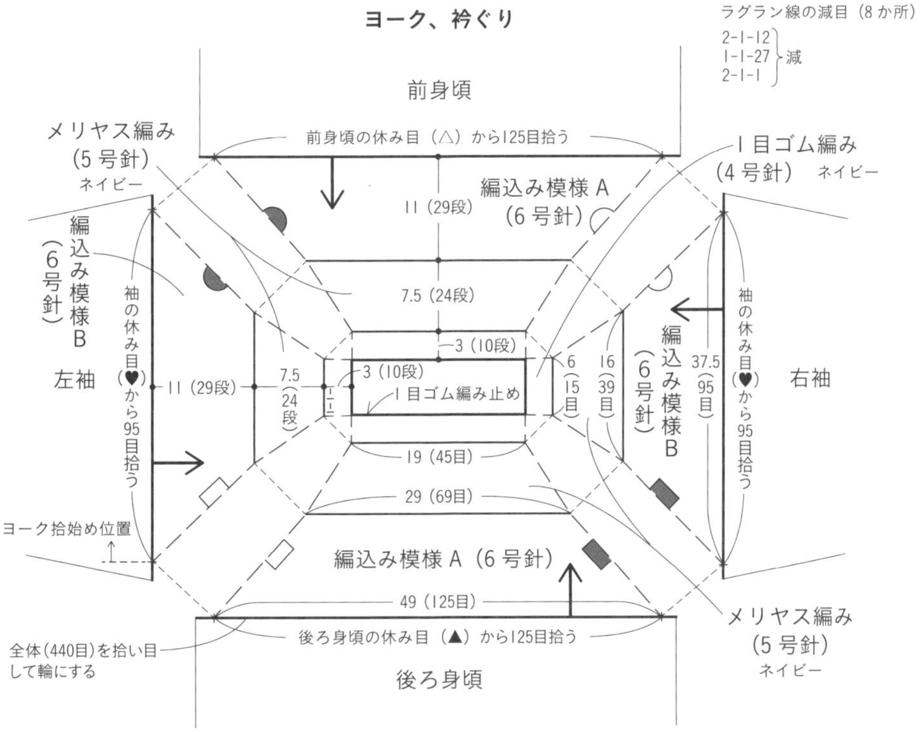

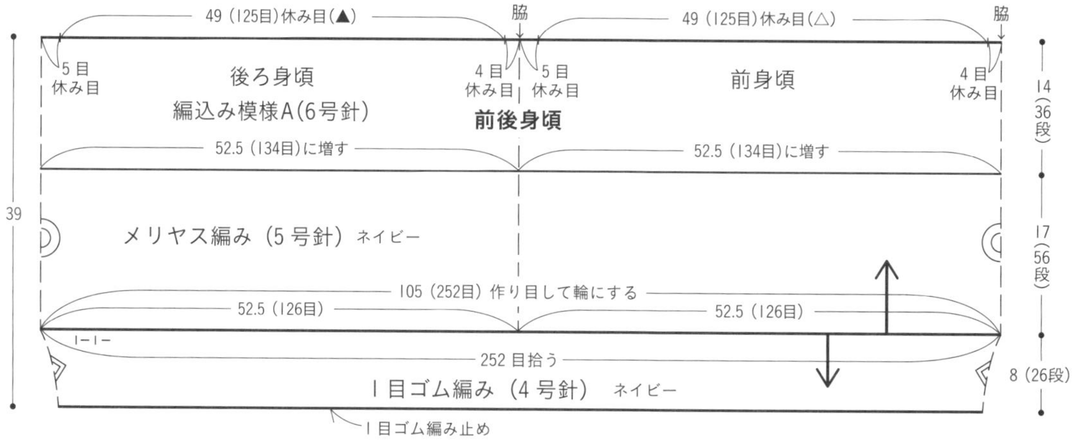
49（125目）休み目（▲）
脇
49（125目）休み目（△）
脇
5目
休み目
後ろ身頃
編込み模様A（6号針）
4目
休み目
5目
休み目
前身頃
4目
休み目
前後身頃
52.5（134目）に増す
52.5（134目）に増す
14（36段）
39
メリヤス編み（5号針）ネイビー
17（56段）
105（252目）作り目して輪にする
52.5（126目）
52.5（126目）
1-1-
252目拾う
1目ゴム編み（4号針）ネイビー
8（26段）
1目ゴム編み止め

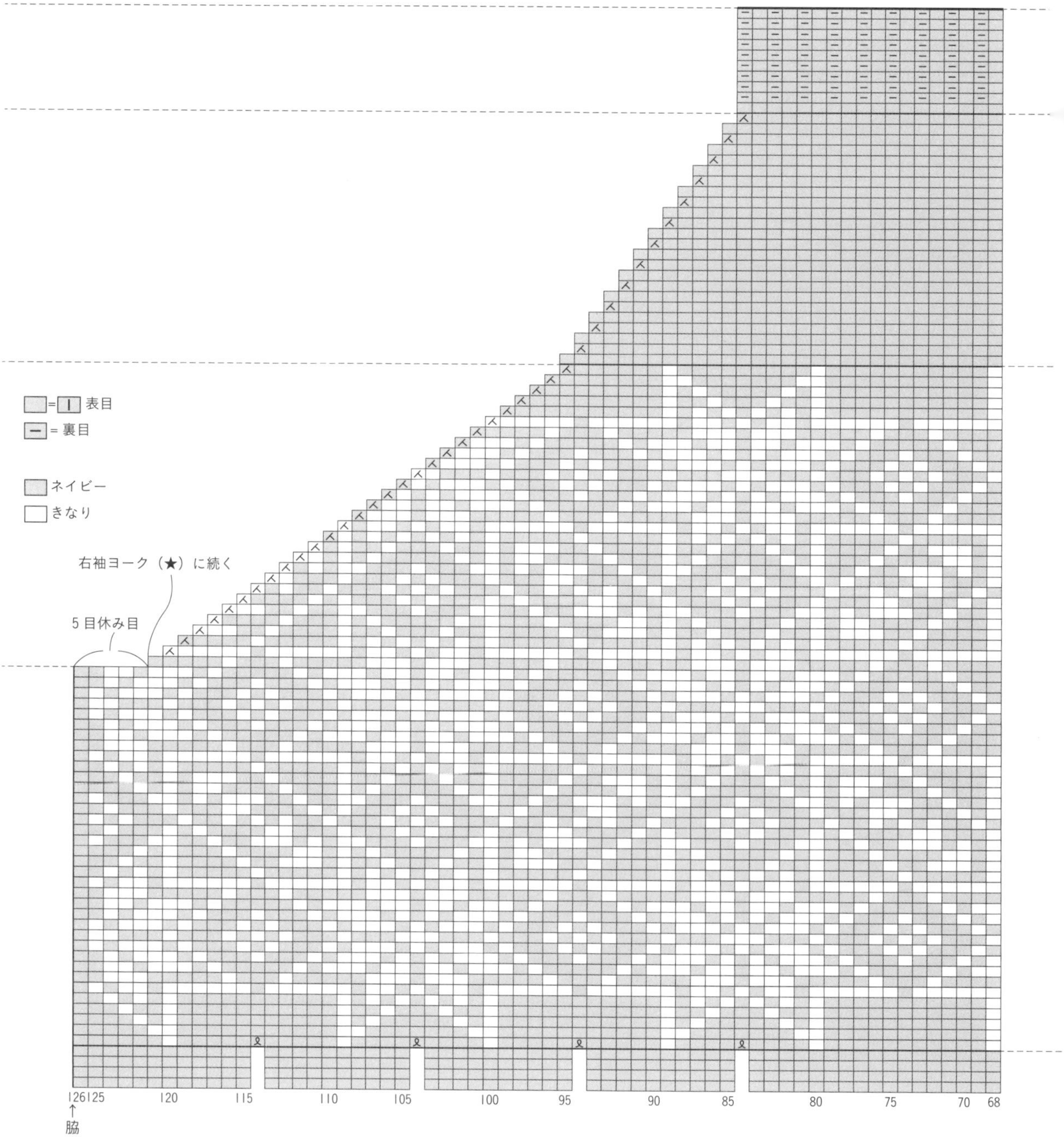
＝ 表目
＝ 裏目
ネイビー
きなり
右袖ヨーク（★）に続く
5目休み目
126 125 120 115 110 105 100 95 90 85 80 75 70 68
脇

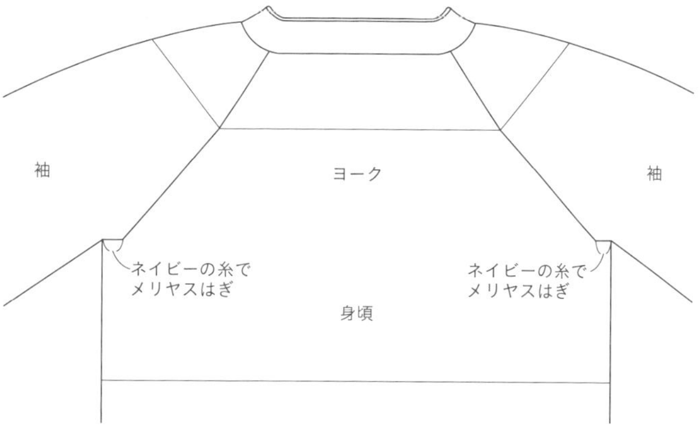

袖
ヨーク
袖
ネイビーの糸で
メリヤスはぎ
ネイビーの糸で
メリヤスはぎ
身頃


**前後身頃、ヨーク、衿ぐり**

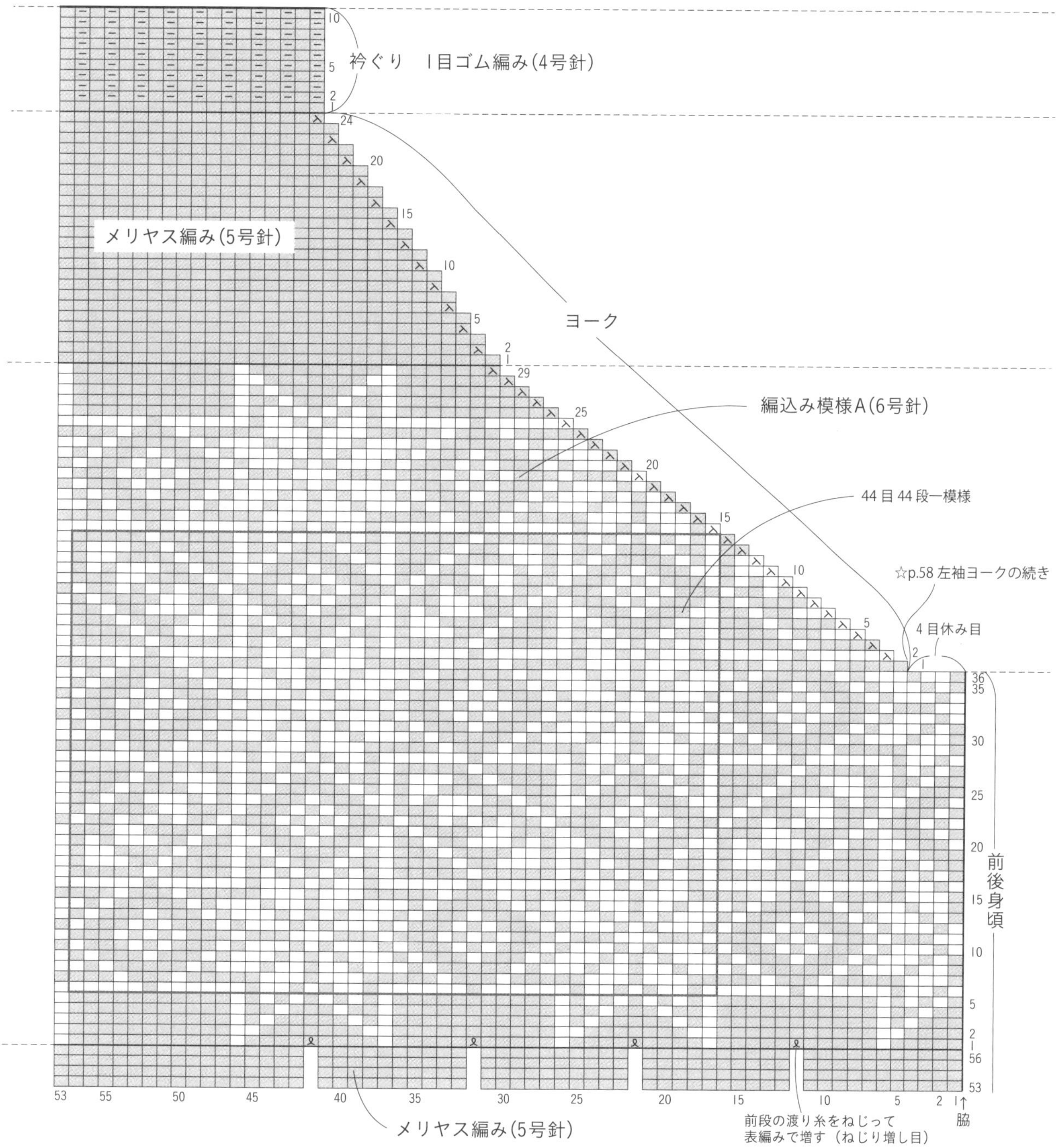

衿ぐり　1目ゴム編み(4号針)
メリヤス編み(5号針)
ヨーク
編込み模様A(6号針)
44目44段一模様
☆p.58 左袖ヨークの続き
4目休み目
前後身頃
前段の渡り糸をねじって
表編みで増す（ねじり増し目）
脇
メリヤス編み(5号針)

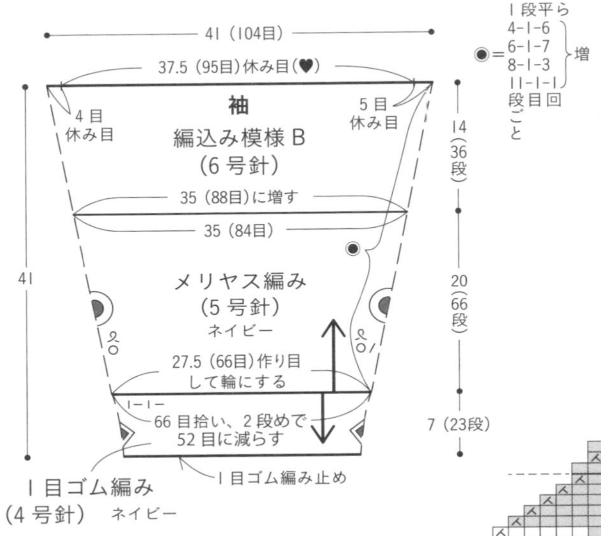
41 (104目)
37.5 (95目)休み目(♥)
袖
4目
休み目
5目
休み目
編込み模様 B
(6号針)
14 (36段)
35 (88目)に増す
35 (84目)
41
メリヤス編み
(5号針)
ネイビー
20 (66段)
27.5 (66目)作り目
して輪にする
1-1-1
66目拾い、2段めで
52目に減らす
7 (23段)
1目ゴム編み
(4号針)
ネイビー
1目ゴム編み止め
◉=
1段平ら
4-1-6
6-1-7
8-1-3
11-1-1
段目回
ごと
増

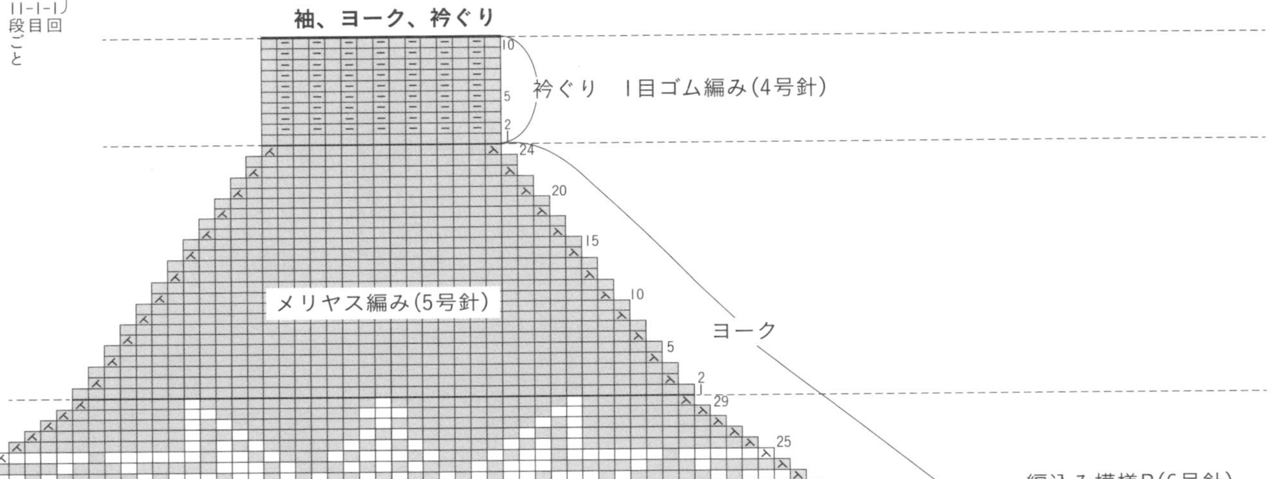
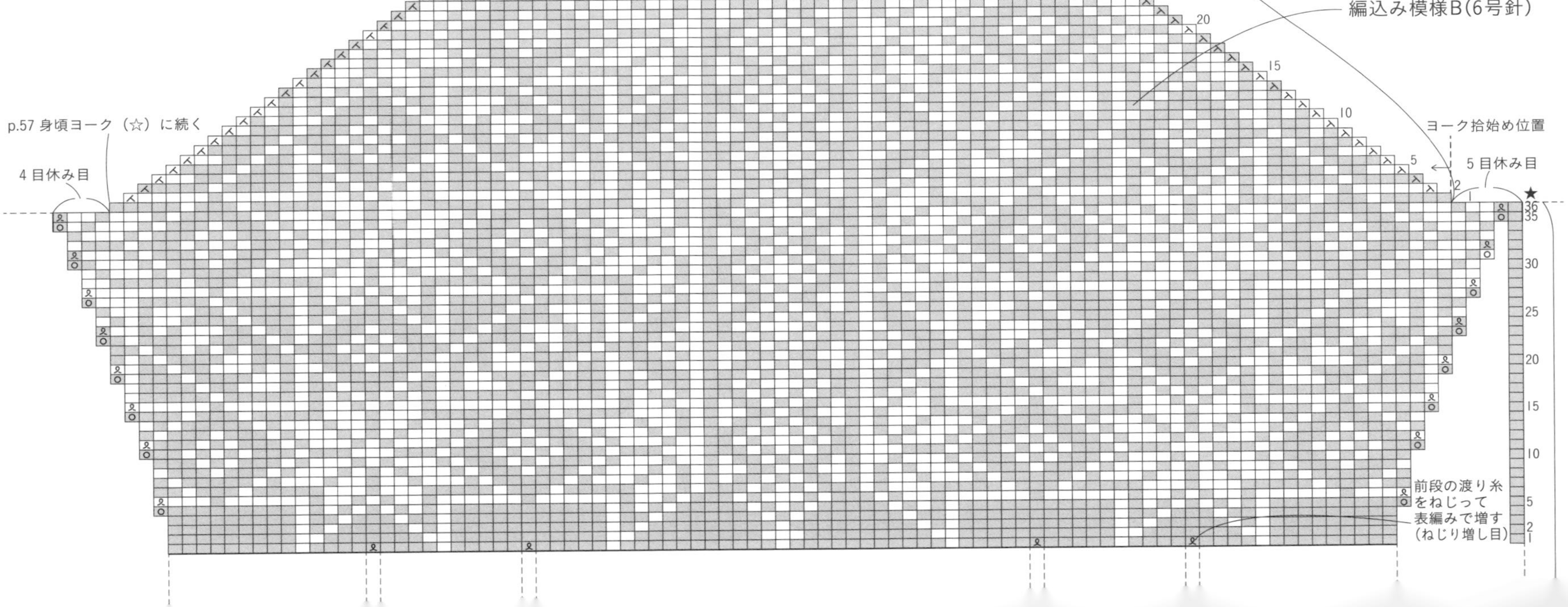
袖、ヨーク、衿ぐり
衿ぐり　1目ゴム編み(4号針)
メリヤス編み(5号針)
ヨーク
編込み模様B(6号針)
p.57 身頃ヨーク(☆)に続く
4目休み目
ヨーク拾始め位置
5目休み目
★
前段の渡り糸
をねじって
表編みで増す
(ねじり増し目)

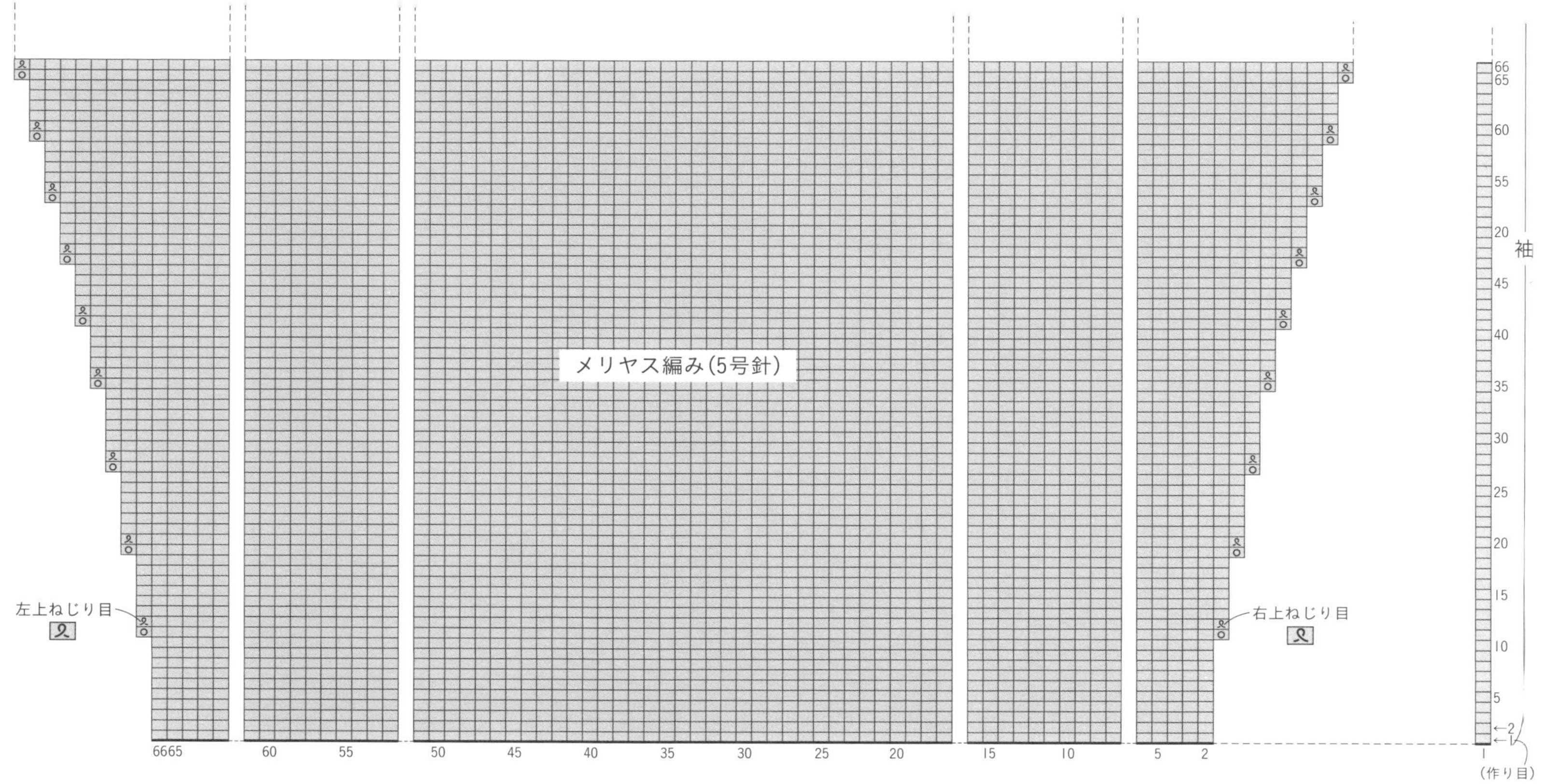


□=Ｉ 表目
― = 裏目

□ネイビー
□きなり

**身頃、袖**

Ｉ目ゴム編み（4号針）

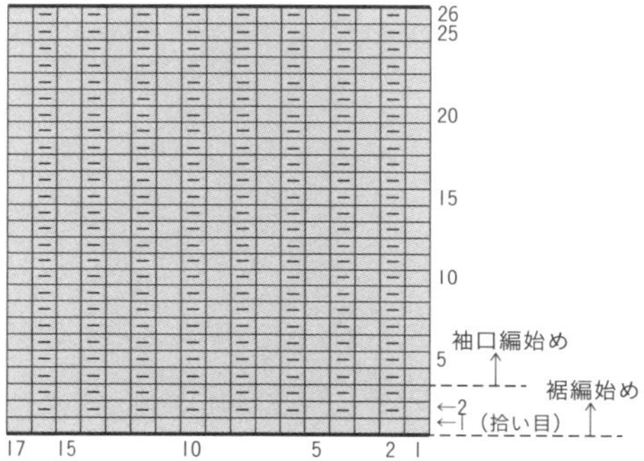

## p.11　草原のセーター

材料　[パピー]ブリティッシュファイン 緑(80)Mサイズ 210g、Lサイズ 235g
パピーニュー2PLY オフ白(202)Mサイズ 105g、Lサイズ 120g
キッドモヘアファイン 黄緑(51)Mサイズ 110g、Lサイズ 125g

用具　7号、5号80cm輪針(輪針で往復編み〈p.41を参照〉)、5号40cm輪針

ゲージ　メリヤス編み 19.5目27段が10cm四方

寸法　Mサイズ 胸回り103cm、着丈59cm、ゆき丈71.5cm
Lサイズ 胸回り111cm、着丈65cm、ゆき丈75cm

編み方　※[　]内はLサイズの段数、目数。
糸は各種1本ずつを引きそろえ、3本どりで指定の針の号数で編みます。

・前後身頃を編みます。
5号針で指で針にかける作り目で90目[98目]作り目をします。続けて1目ゴム編みで24段編みます。7号針に替え、1段めで増し目をして100目[108目]にします。メリヤス編みで70段[80段]編みます。袖下まちは別糸に通して休み目にし、続けてメリヤス編みで袖ぐりを減らしながら40段[46段]編みます。肩は8段引返しをし、休み目にします。衿ぐりは別糸に通して休み目にし、減らしながら編みます。同じものを2枚編みます。

・袖を編みます。
5号針で指で針にかける作り目で46目[50目]作り目をします。続けて1目ゴム編みで20段編みます。7号針に替え、1段めで増し目をして52目[58目]にします。メリヤス編みで袖下を増しながら84段編みます。袖下まちは別糸に通して休み目にし、続けてメリヤス編みで減らしながら40段[46段]編み、続けて32段増減なく編みます。最後は伏止めをします。

・仕上げます。
肩の休み目と袖の★部分を目と段のはぎをします。衿ぐりを拾い目して5号針で輪に1目ゴム編みで10段編みます。1目ゴム編み止め(輪編み)をします。脇と袖下、袖ぐりをすくいとじします。袖下まちをメリヤスはぎします。

ポイント
身頃は前後同じパターンなので、どちらを前に着ても大丈夫です。

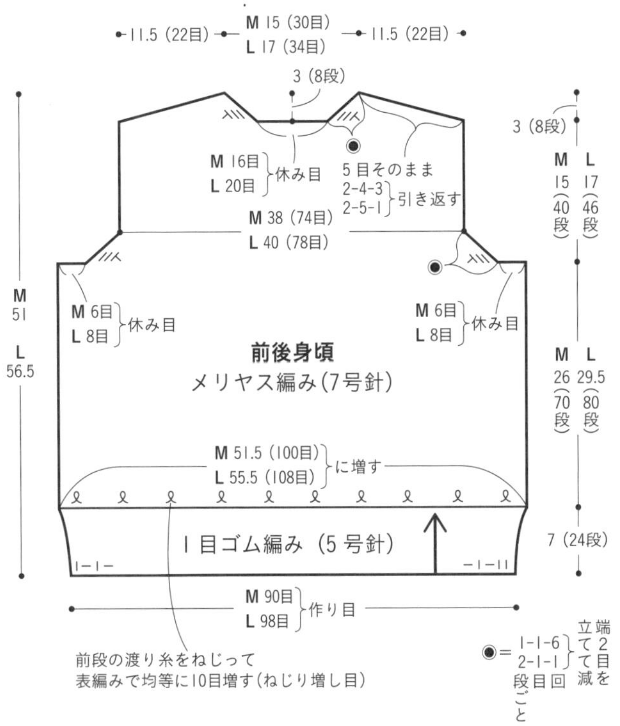


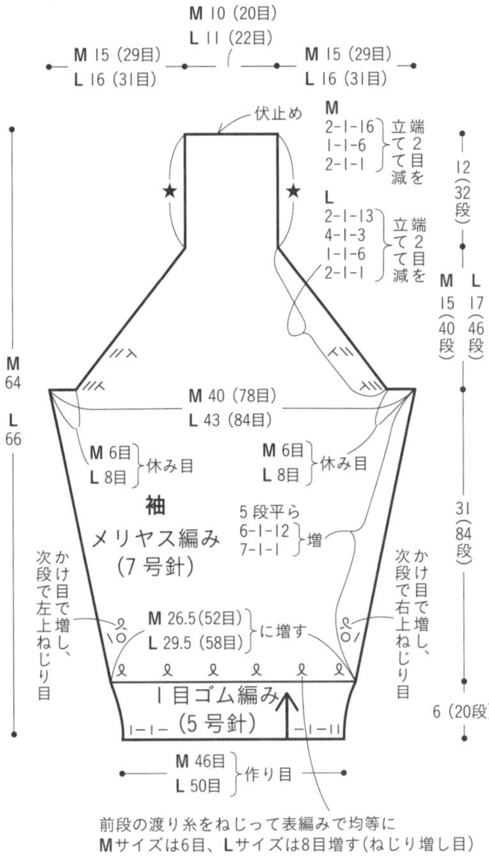

## 前後身頃の袖ぐり、肩の引返しと衿ぐり

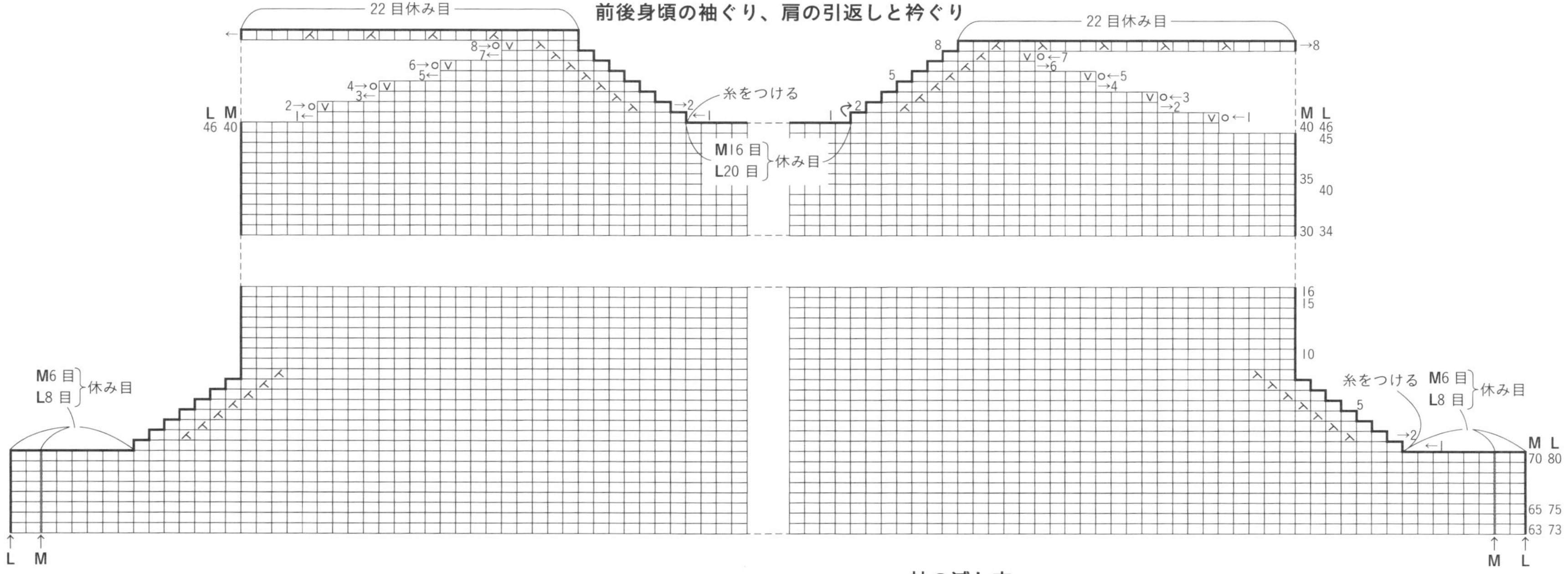


## 袖の減し方

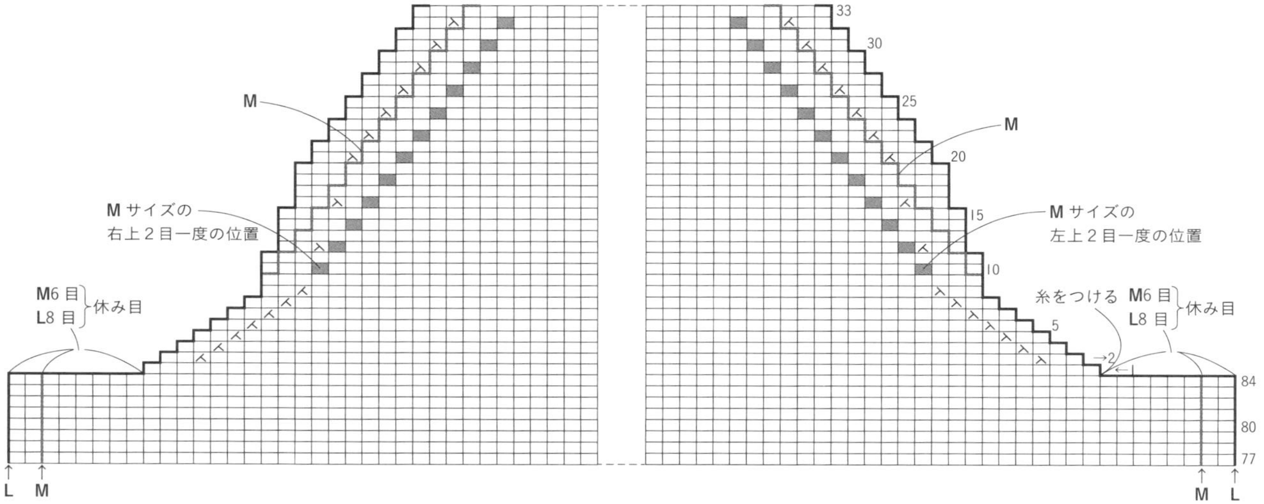


## 身頃、袖

1目ゴム編み（5号針）

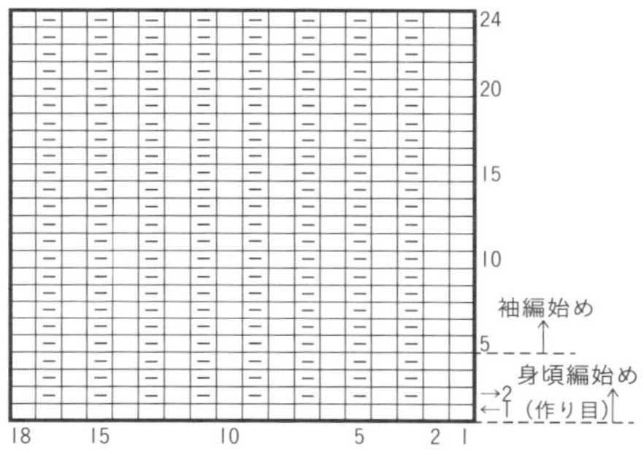


□＝I 表目
ー＝裏目

**衿ぐり**
1目ゴム編み(5号針)
※左袖から拾い始める

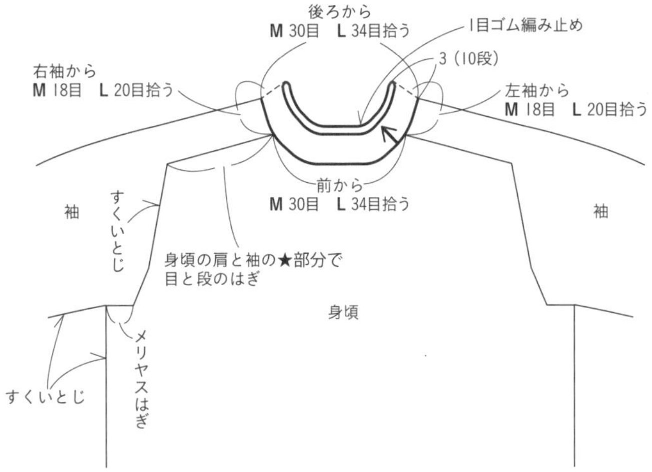


**衿ぐり**
1目ゴム編み(5号針)

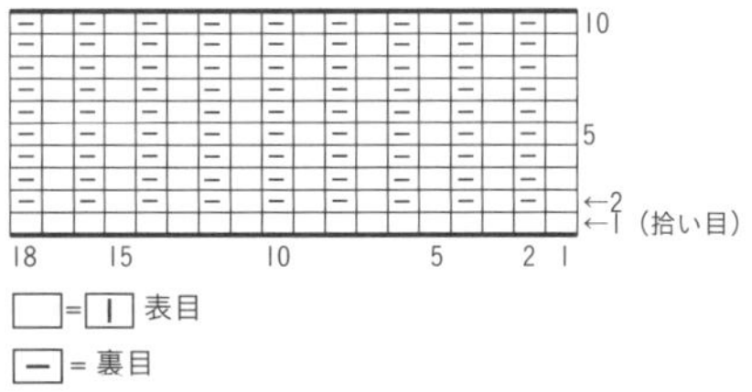


## p.14　ドットレースショール

材料　[DARUMA] ランブイエウールコットン ホワイト(1) 270g
用具　5号80cm輪針(輪針で往復編み〈p.41を参照〉)
ゲージ　模様編みA 24.5目29段が10cm四方
模様編みB、B'3目が0.5cm、29段が10cm
寸法　幅60cm、丈119cm

編み方
糸は1本どりで編みます。
指で針にかける作り目で151目作り目をします。続けて模様編みB、B'とガーター編みで6段、模様編みB、B'、模様編みA(p.64を参照)で340段編みます。最後に模様編みB、B'とガーター編みで6段編みます。編終りは伏止めをします。

ポイント
透ける編み地なので、糸を替える時は編み地の端でしてください。糸始末が目立ちにくくなります。

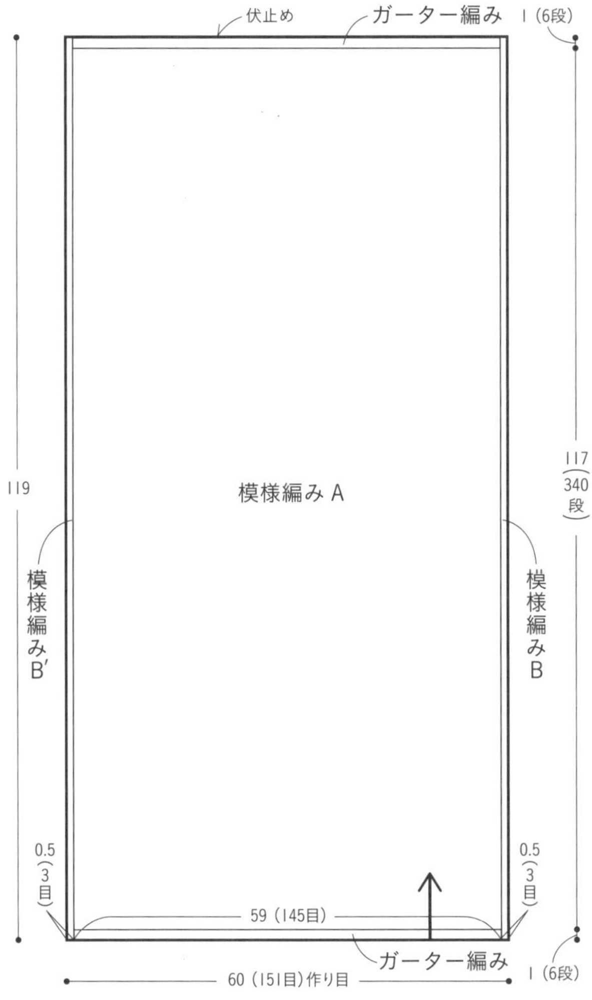

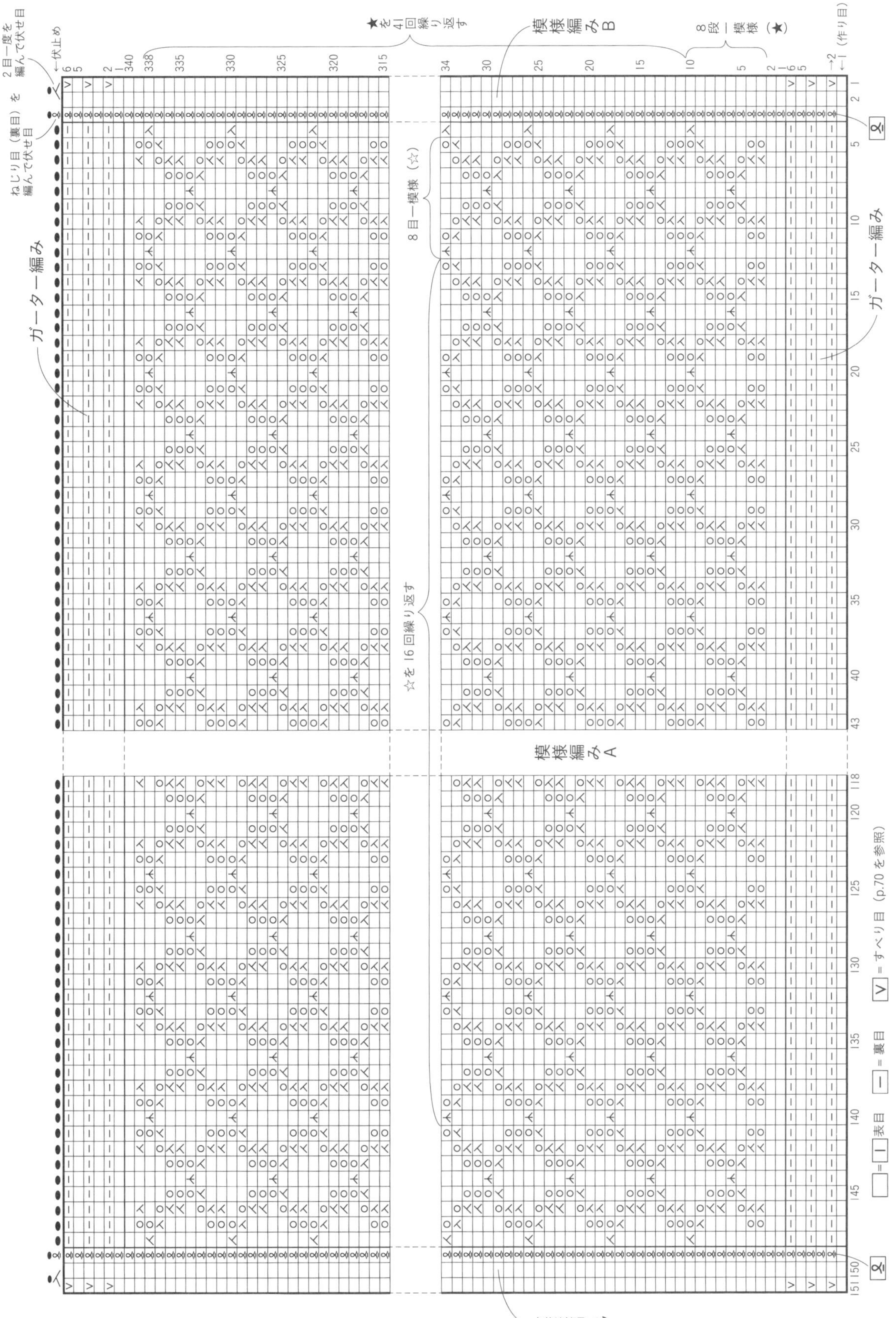
2目一度を編んで伏せ目
←伏止め
ねじり目（裏目）を編んで伏せ目
ガーター編み
★を41回繰り返す
模様編みB
8段一模様（★）
(作り目)
8目一模様（☆）
☆を16回繰り返す
模様編みA
ガーター編み
模様編みB'
□＝｜表目　ー＝裏目　V＝すべり目（p.70を参照）

## 模様編みAの編み方（p.14 ドットレースショール）

### 【編み地の裏側から編む方法／→ ○ 入 かけ目と右上2目一度】

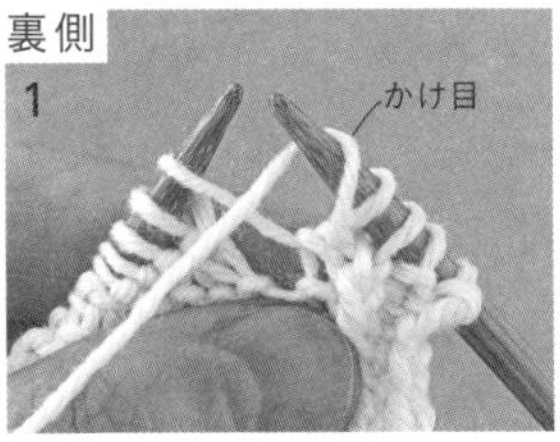


右上2目一度の手前のかけ目をする。糸は手前におく

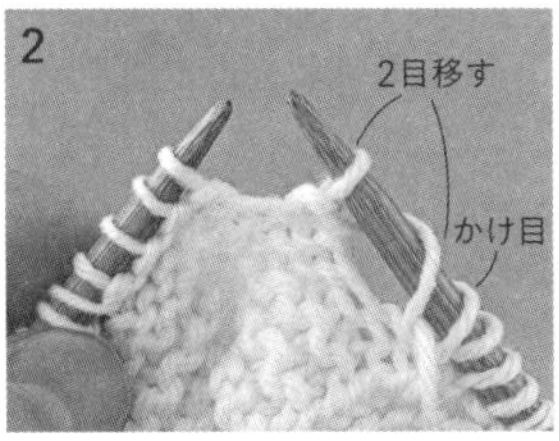


左針の2目を右針に移す

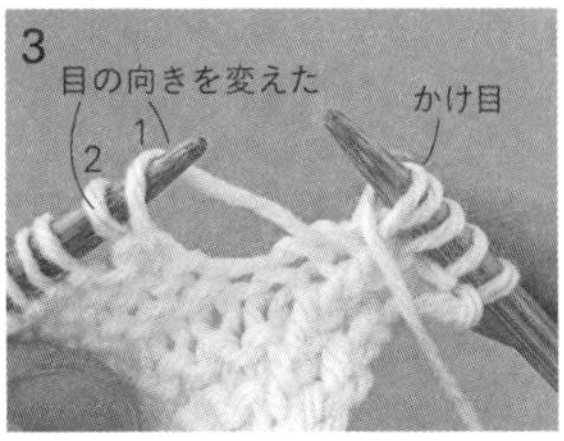


目の向きを変え、2目を左針へ戻す

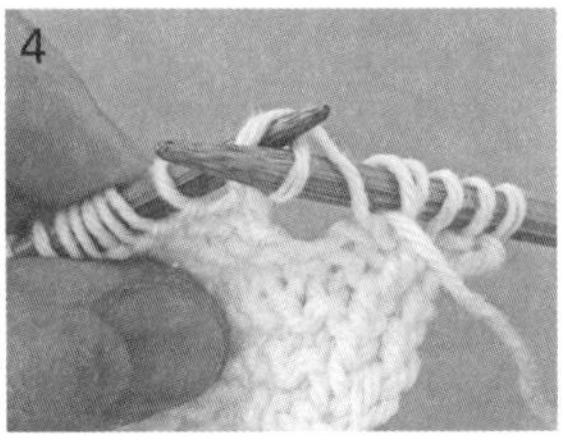


戻した2目に2・1の順で向う側から右針を入れる

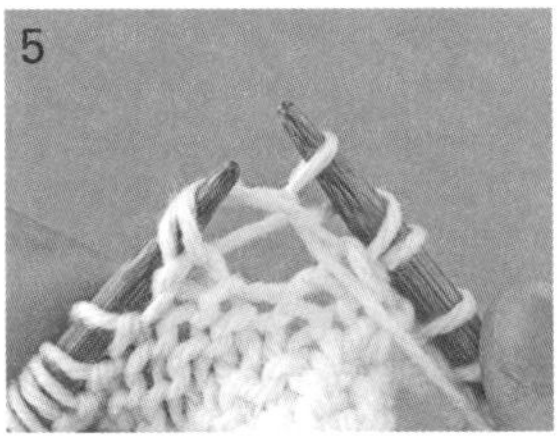


糸をかけ引き出し、裏目を編む

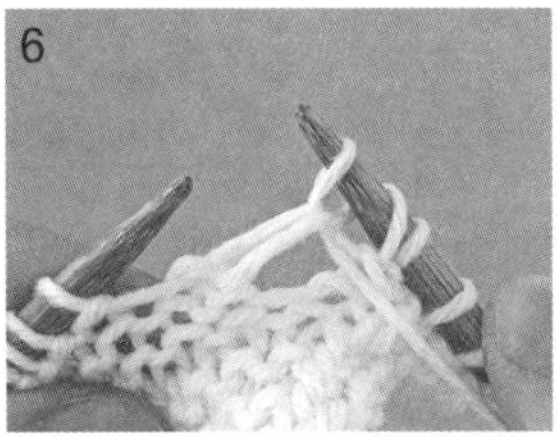


左針の2目を外す。
裏側からの右上2目一度が編めた

### 【編み地の裏側から編む方法／→ 人 左上2目一度】

2目に向う側から右針を入れる

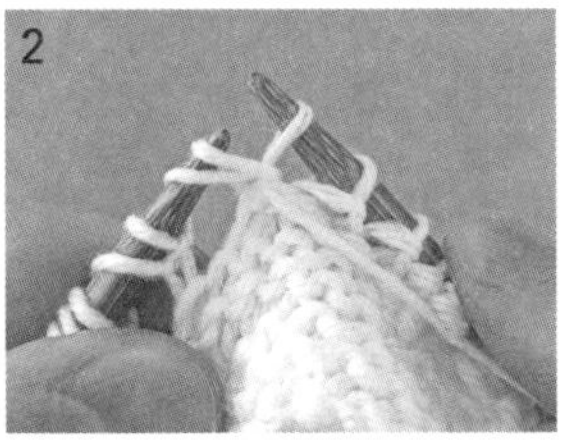


糸をかけ引き出し、裏目を編む

左針の2目を外す。
裏側からの左上2目一度が編めた

### 【編み地の裏側から編む方法／→ ○ 木 ○ かけ目、中上3目1度、かけ目】

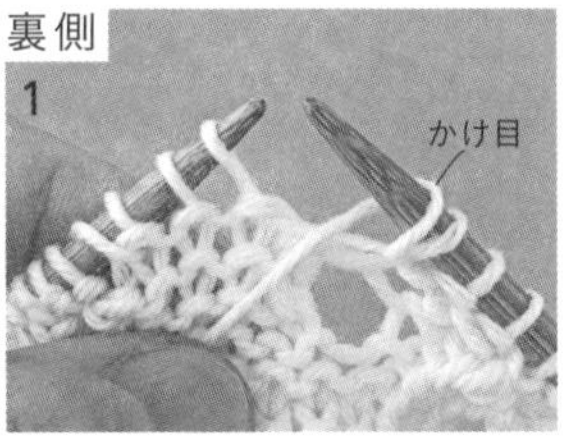


中上3目一度の手前のかけ目をする。糸は手前におく

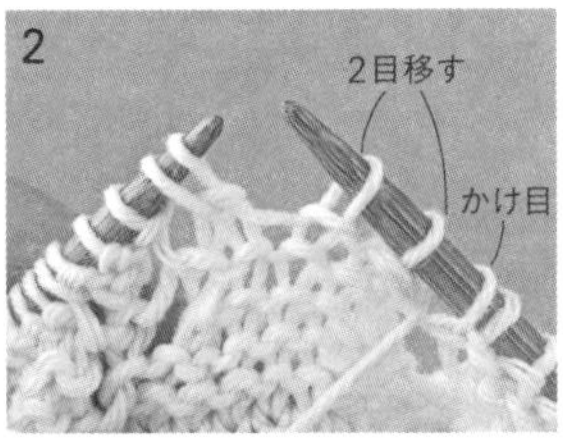


左針の2目を右針に移す

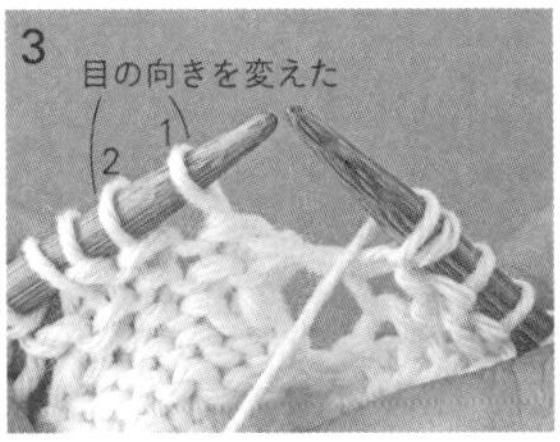


目の向きを変え、2目を左針へ戻す

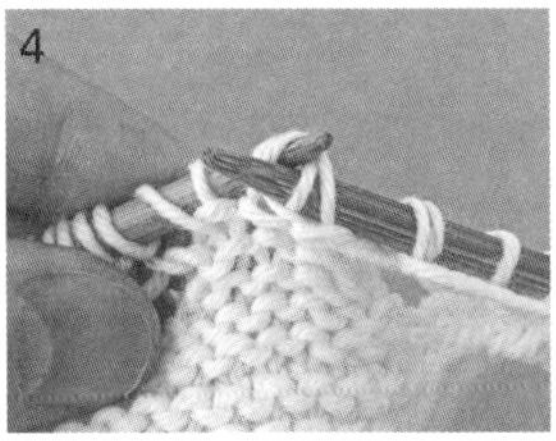


2目に2・1の順で向う側から右針を入れ、右針にもう一度移す

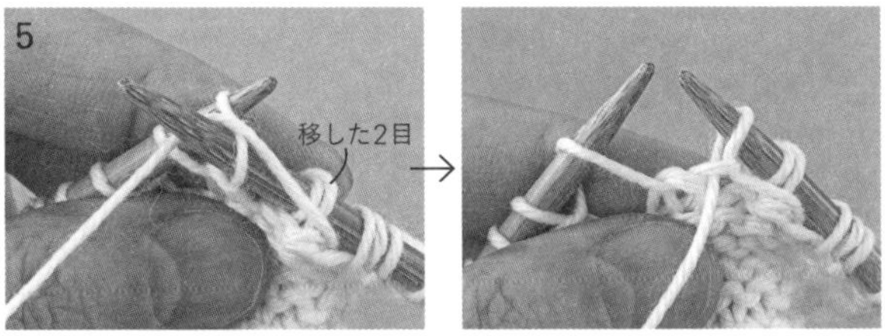


次の目（3目め）に向う側から右針を入れ、糸をかけ引き出し、裏目を編む

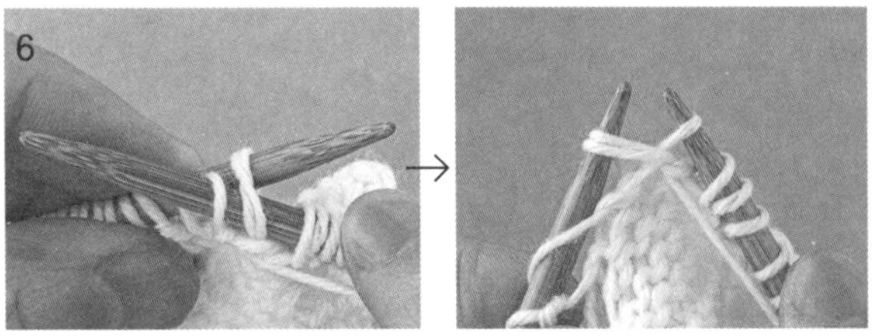


2目に左針を入れ、2目を3目めにかぶせる

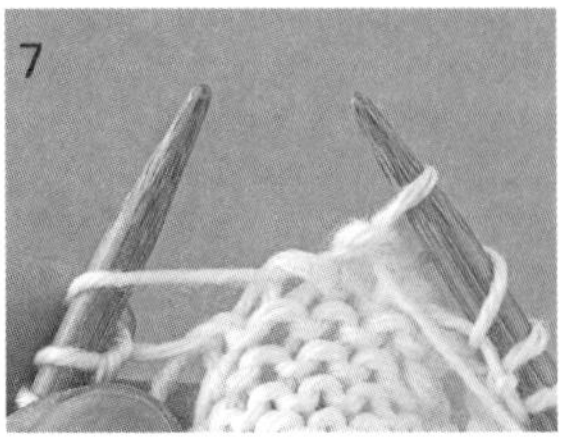


左針の2目を外す。
裏側からの中上3目一度が編めた。
1を参考に次のかけ目をする

## p.26　Color composition カシミヤミトン

※編み図はp.69に掲載しています

材料　[アヴリル]カシミヤ スカーレット(3601)9g、アイスグレー(8107)3g、L.グレー(8302)3g、オペラピンク(3311)2g
用具　5号短5本棒針、5/0号かぎ針
ゲージ　ガーター編み 28目42段が10cm四方(縮絨前)
寸法　手のひら回り19cm、丈14.5cm(縮絨前)
　　　手のひら回り17cm、丈14cm(縮絨後)

編み方
・本体を編みます。
糸は2本どりで指定の配色で編みます。
指で針にかける作り目で30目作り目をし、続けてガーター編みで79段編みます。偶数段の両端はすべり目を編みます(p.70を参照)。途中、親指穴部分は別糸を編み込みます(p.38を参照)。編終りは休み目にし、糸を残します。編始めと編終りの目を残した糸で端目はメリヤスはぎ、その他はガーターはぎの要領ではぎ(編始め側は1段めにとじ針を入れながらはぐ)、輪にします。
・手首を編みます。
手首側の端のすべり目の半目を40目拾い(p.70を参照)、1目ゴム編みを輪に編みます。編終りは伏止めをします。指先側をかぎ針で端のすべり目の半目を裏側から40目拾いながら引抜き編みをします。同様にもう1枚編みます。
・親指を編みます。
本体の親指穴の別糸をほどきながら17目拾い目し、メリヤス編みで輪に編みます(p.38、39を参照)。編終りは伏止めをします。
・仕上げます。
編み地を縮絨し(p.39を参照)、形を整えて陰干しします。

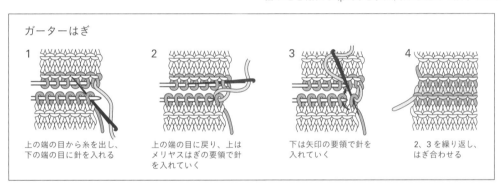

ガーターはぎ

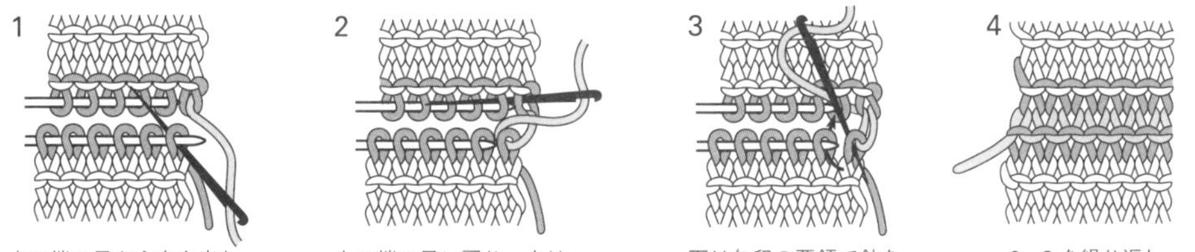


1 上の端の目から糸を出し、下の端の目に針を入れる
2 上の端の目に戻り、上はメリヤスはぎの要領で針を入れていく
3 下は矢印の要領で針を入れていく
4 2、3を繰り返し、はぎ合わせる

---

## p.18　凪のカーディガン

材料　[DARUMA]チェビオットウール コルク(7) 630g
用具　8号、6号2本棒針(輪針で往復編みの場合〈p.41を参照〉8号、6号80cm輪針)
付属　直径2.6cmのボタン6個
ゲージ　模様編み 17.5目26段が10cm四方
寸法　胸回り111cm、着丈65.5cm、ゆき丈74.5cm

編み方
糸は1本どりで指定の針の号数で編みます。
・後ろ身頃を編みます。
6号針で指で針にかける作り目で91目作り目をします。続けて1目ゴム編みで28段編みます。8号針に替え、1段めで増し目をして98目にします。模様編みで84段編みます。袖下まちは別糸に通して休み目にし、続けて模様編みでラグラン線を減らしながら52段編み、伏止めをします。
・前身頃を編みます。
右前身頃は6号針で指で針にかける作り目で42目作り目をします。続けて1目ゴム編みで28段編みます。8号針に替え、1段めで増し目をして46目にします。模様編みで84段編みます。袖下まちは別糸に通して休み目にし、続けて模様編みでラグラン線を減らしながら52段編み、途中で衿ぐりを伏せ目し、減らしながら編み、残った目は休み目にします。左前身頃は左右対称に編みます。
・袖を編みます。
6号針で指で針にかける作り目で44目作り目をします。続けて1目ゴム編みで20段編みます。8号針に替え、1段めで増し目をして50目にします。模様編みで袖下を増しながら100段編みます。袖下まちは別糸に通して休み目にし、続けて模様編みでラグラン線を減らしながら52段編み、伏止めをします。
・仕上げます。
ラグラン線、脇、袖下をすくいとじ、袖下まちをメリヤスはぎします。衿ぐりを拾い目して6号針で1目ゴム編みで8段編みます。1目ゴム編み止め(往復編み)をします。左右の前端から拾い目をして6号針で1目ゴム編みで8段編みます。左前立てはボタン穴をあけて編みます(p.40、41を参照)。1目ゴム編み止め(往復編み)をします。右前立てにボタンをつけます。

ポイント
直径1.8〜2cmくらいのボタンを使う場合、ボタン穴は「2目一度、かけ目1目」であけてください。今回は大きめのボタン(直径2.6cm)を使いましたので、「2目一度、かけ目2目、2目一度」で作る大きめなボタン穴にしました。

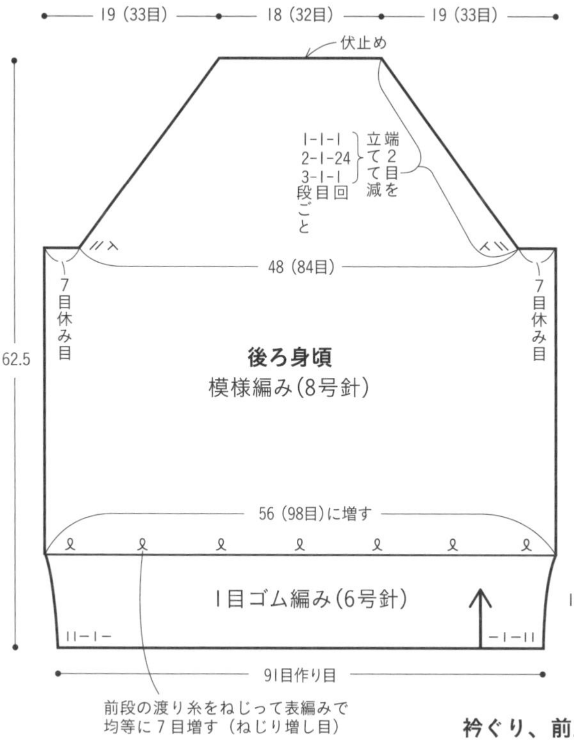


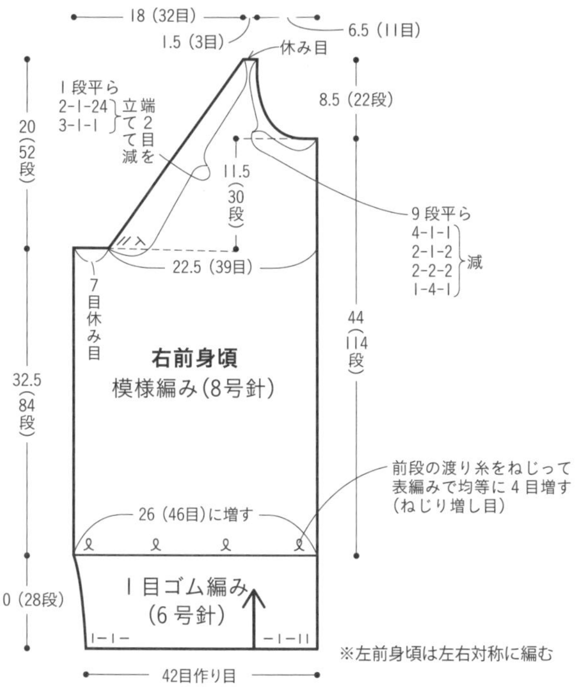


**衿ぐり、前立て**
1目ゴム編み(6号針)

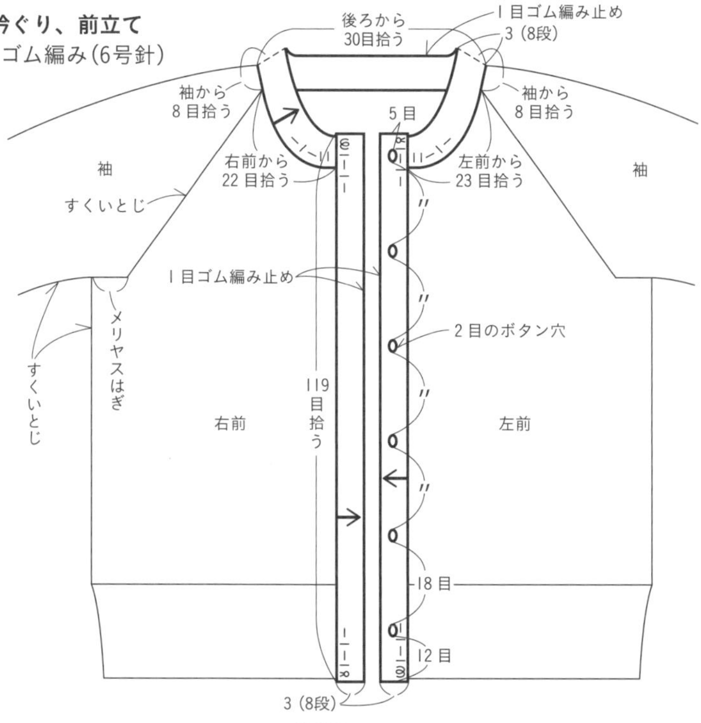


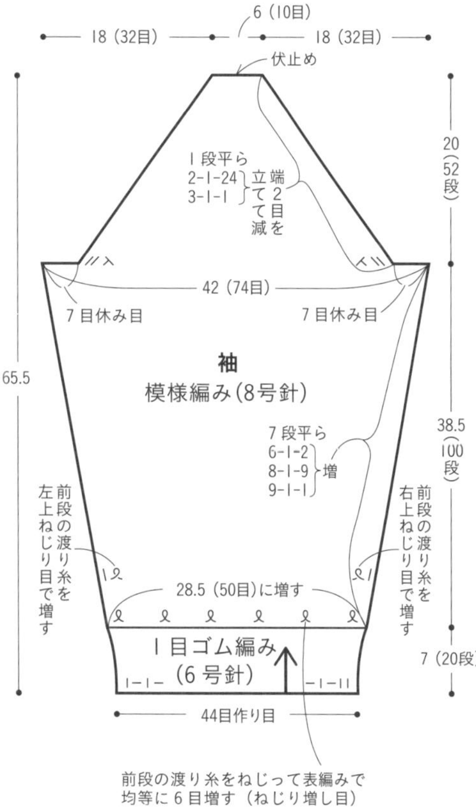


**模様編み** (8号針)

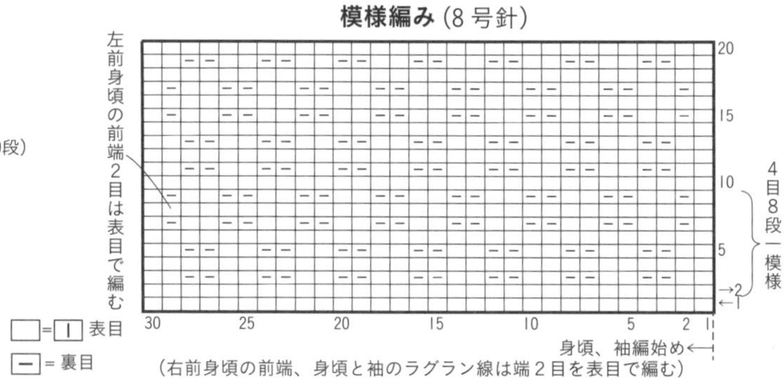

## 後ろ身頃
模様編み（8号針）

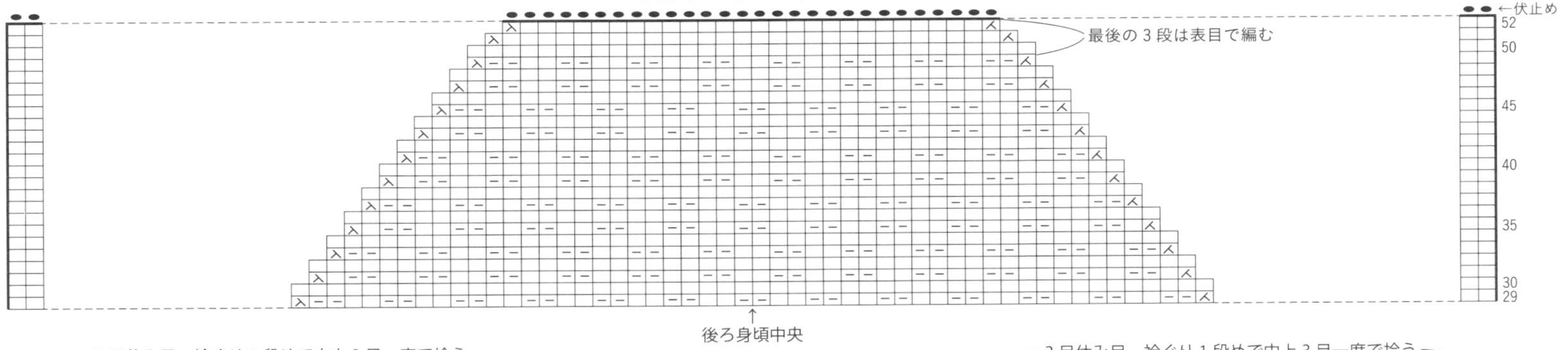


## 右前身頃
模様編み（8号針）

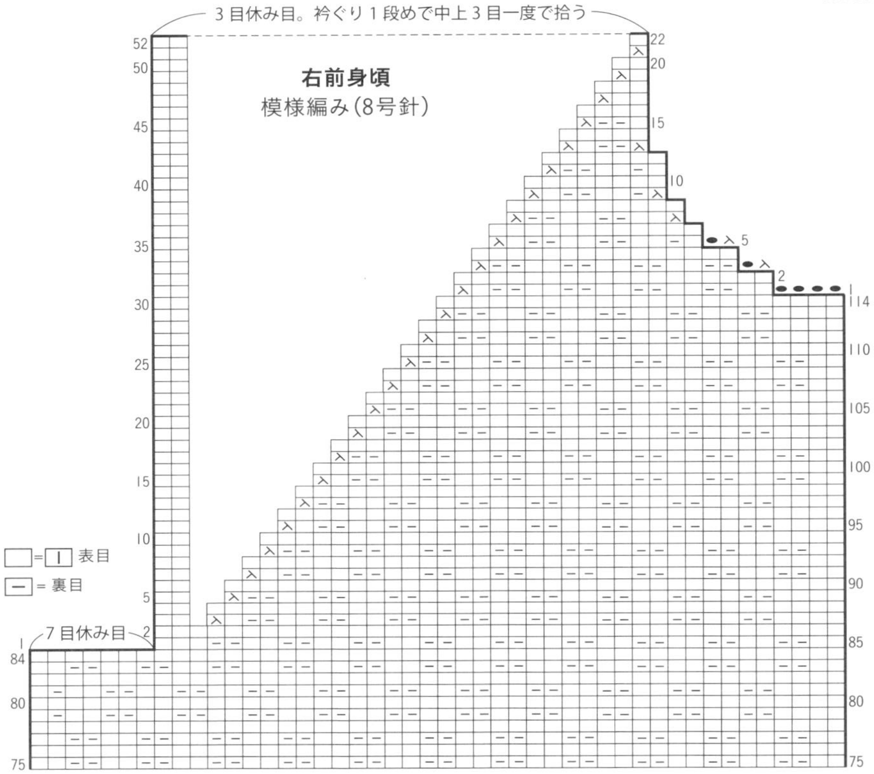


## 左前身頃
模様編み（8号針）

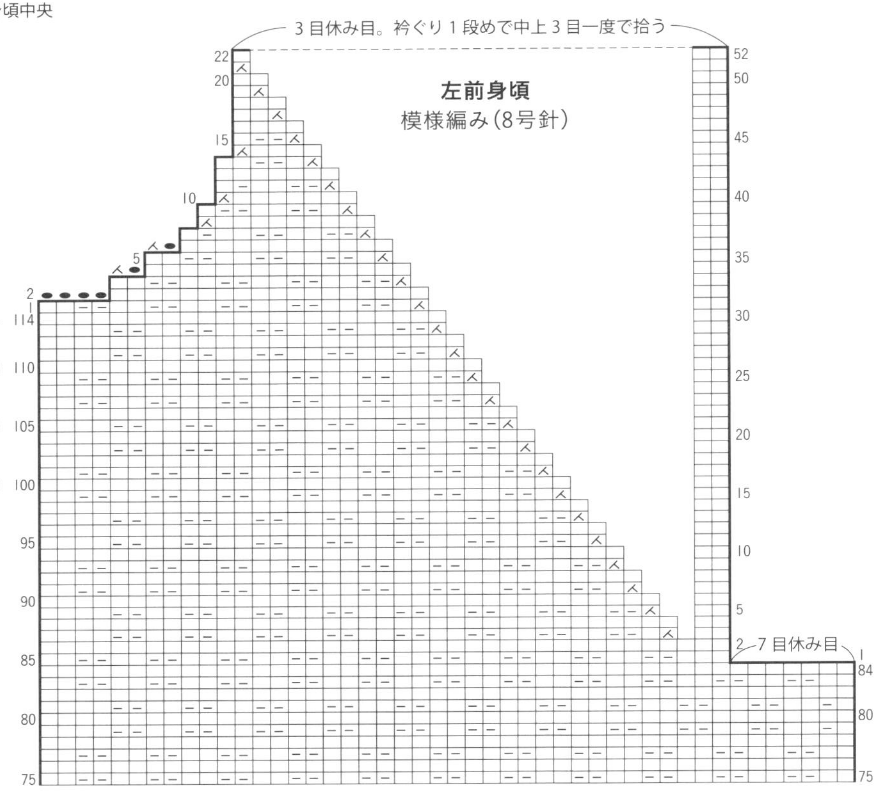


□＝｜ 表目
－＝裏目

## 袖
模様編み(8号針)

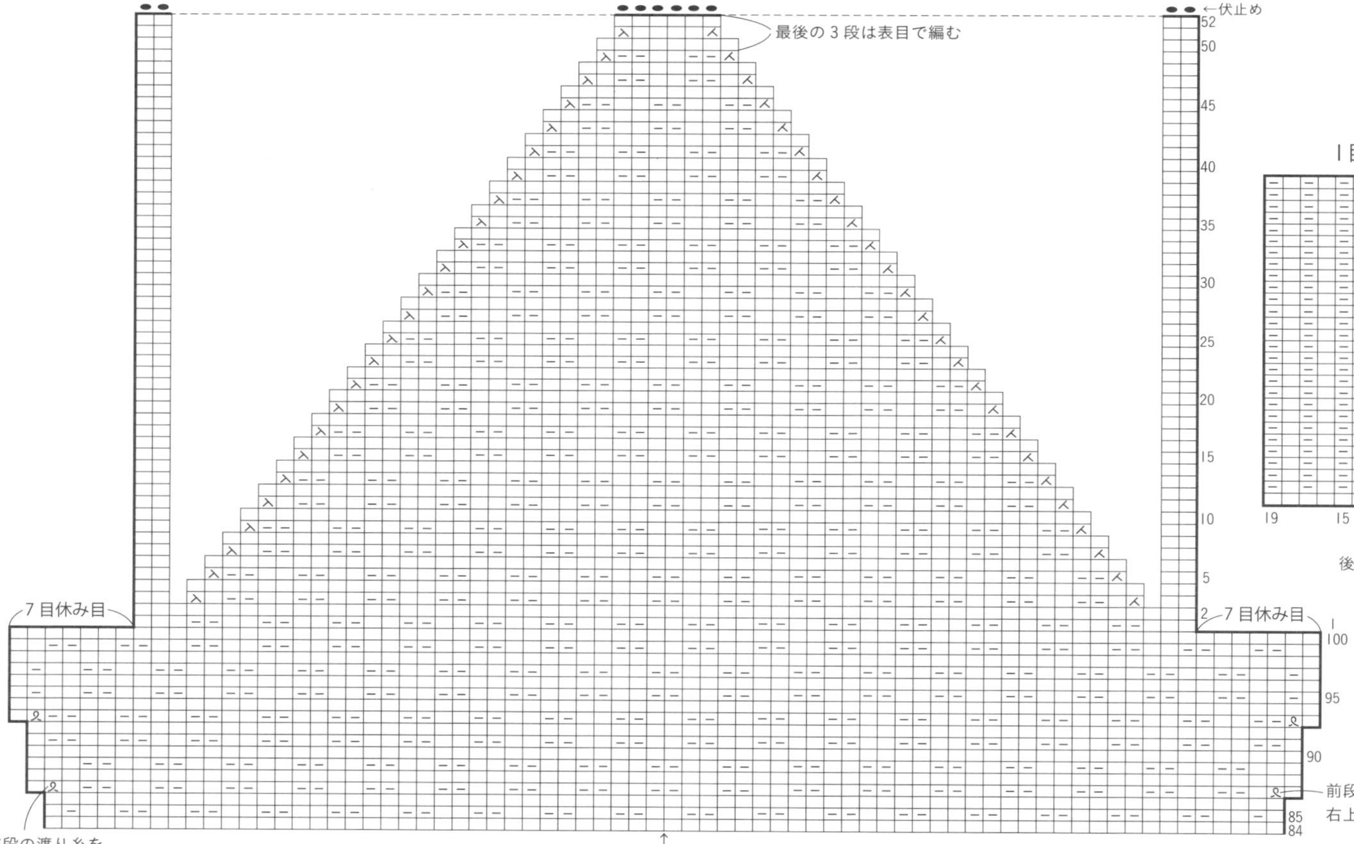


## 身頃、袖
I目ゴム編み(6号針)

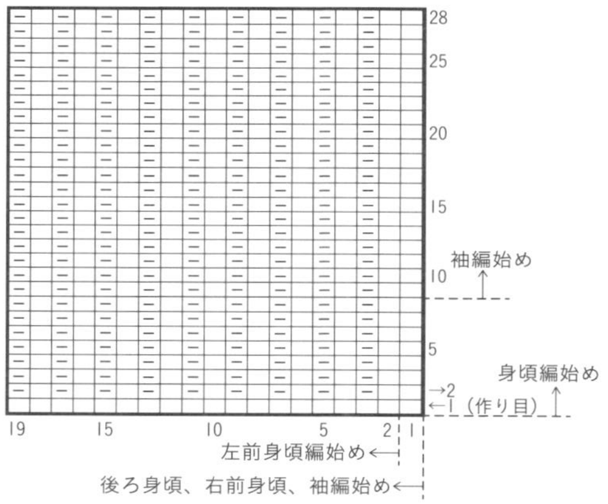


## 衿ぐり
I目ゴム編み（6号針）

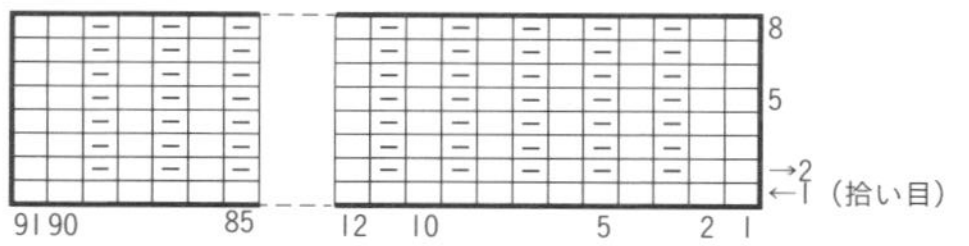


## 左前立て
I目ゴム編み(6号針)

※右前立ては拾う位置を対称にして編む

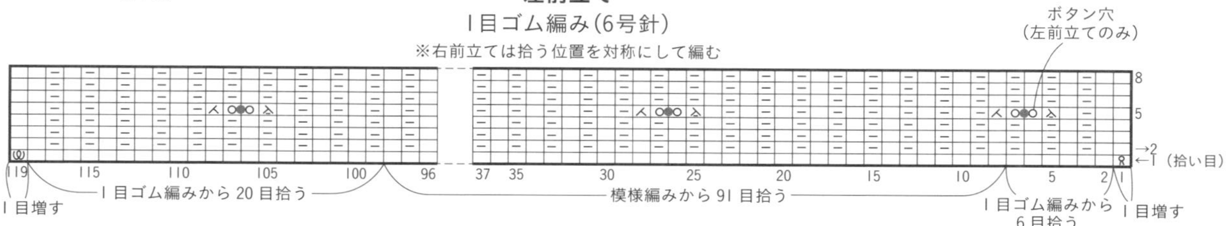


□=|I| 表目

|ー|＝裏目

|ᴧ|= 引き解け結び（「指でかける作り目」の始めのI目の方法）

●= 右前立てボタンつけ位置

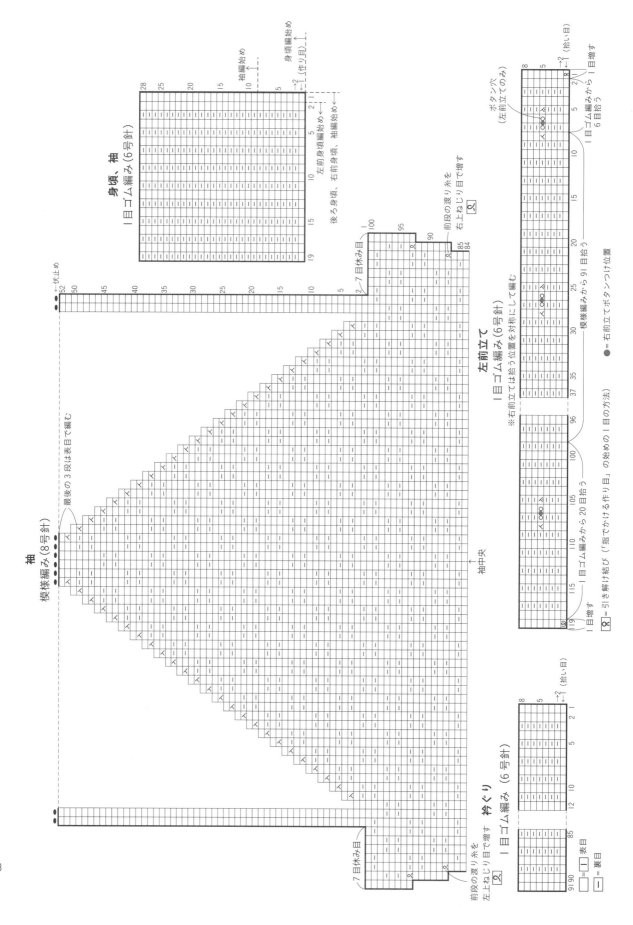

 Color composition カシミヤミトンの編み図

## 親指

メリヤス編み

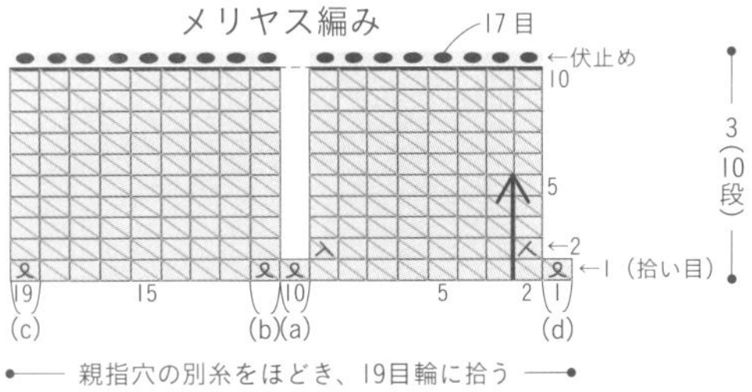


### 親指の目の拾い方

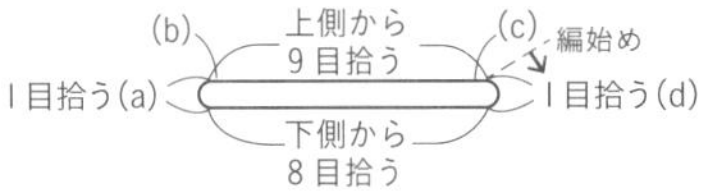


※拾い方は p.38、39 を参照。
ただし、d の位置から編み始める

## 本体

ガーター編み

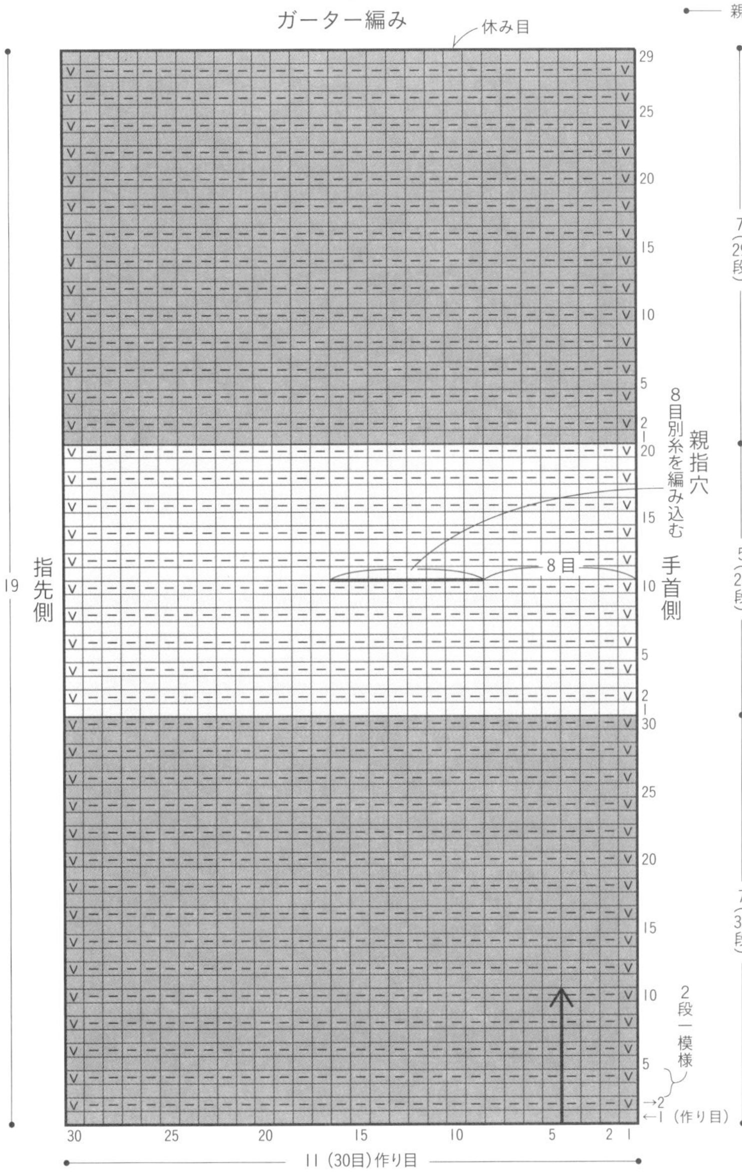


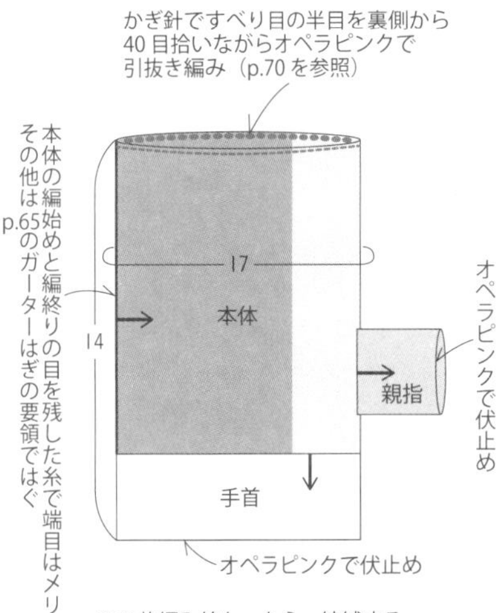


※2枚編み終わったら、縮絨する
（p.39を参照）。
上記は縮絨した後の大きさ

## 手首

2目ゴム編み

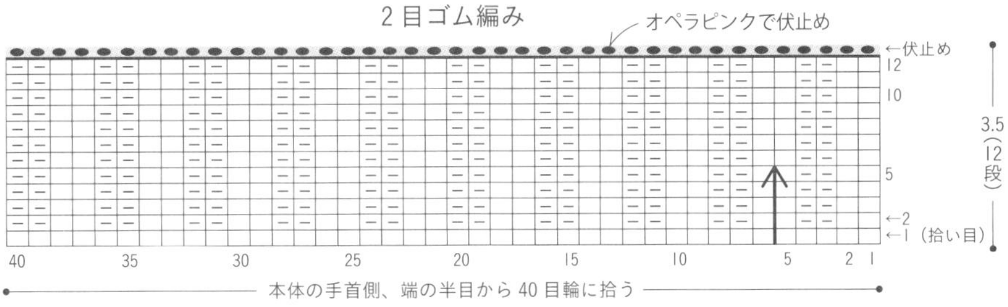


※拾い方は（p.70を参照）

□ = | 表目
− = 裏目

- スカーレット（本体）
- L. グレー（本体）
- アイスグレー（手首）
- オペラピンク（親指）

## 【偶数段の編始めのすべり目】

※写真は分かりやすいように糸の色、種類を替えて解説しています。

糸を手前におき、段の始めの目に右針を入れる

右針に移す（すべり目）

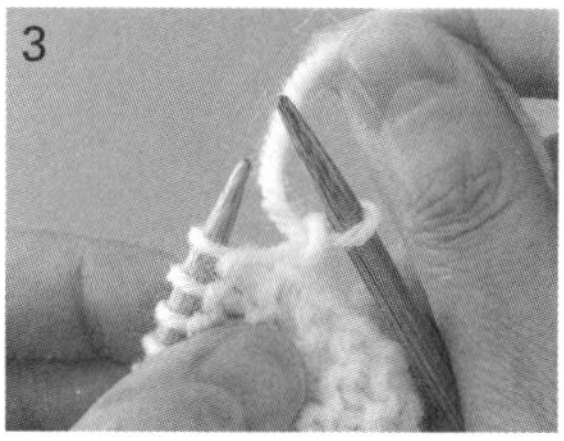

糸を向う側におく

続けて編む

## 【偶数段の編終りのすべり目】

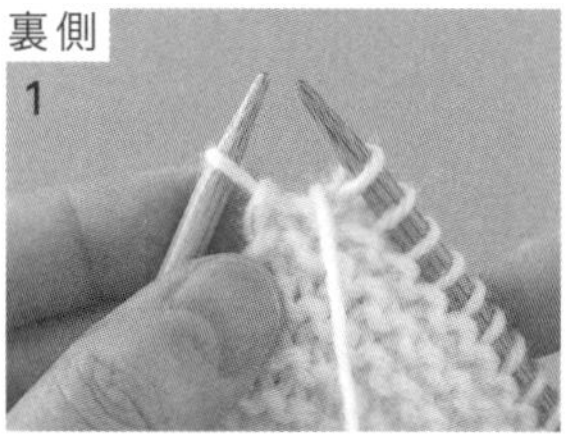

段の終りの目の手前まで編んだら、糸を手前におく

右針を入れる

右針に移す（すべり目）

## 【端のすべり目の拾い方】

編み地の表側を手前にし、端のすべり目の向う側の半目に針を入れ、糸をかけて目を拾う

手前に残り半目のラインができる

## 【端の引抜き編みの編み方】

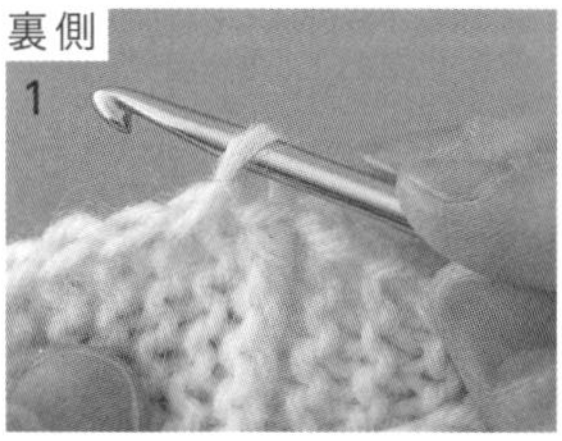

編み地の裏側（内側）を手前にし、端のすべり目の向う側の半目にかぎ針を入れる

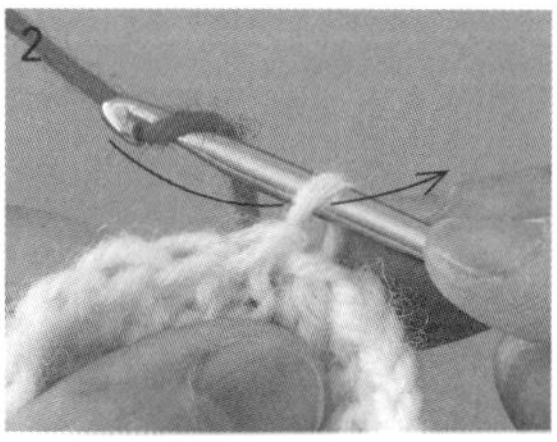

針に糸をかけて引き抜く

引き抜いたところ

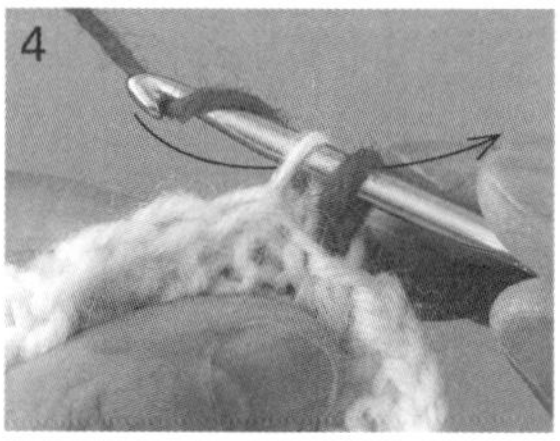

続けて半目に針を入れ、針に糸をかけて一度に引き抜く

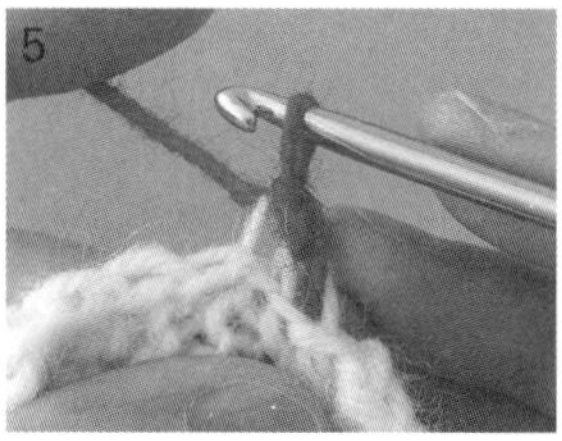

引き抜いたところ。4を繰り返す

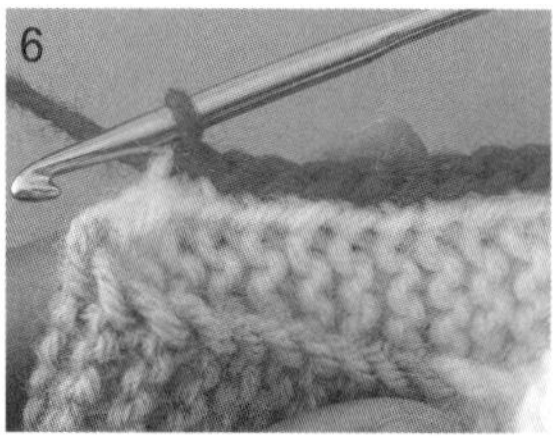

引き抜く目はなるべく同じ大きさになるようにする

表側は半目が浮き出るような模様になる

# Autumn garden 丸ヨークセーター

**材料** [ROWAN]フェルテッドツイード バーンレッド(196) Mサイズ 270g、Lサイズ 325g、クレイ(177)30g、ストーン(190)10g
キッドシルクヘイズ カシス(641)9g、ブロンズ(731)7g、淡褐色(611)5g、クリーム(634)、トルコプラム(660)各4g、エバーグリーン(684)、ラスター(686)各3g

**用具** 5号、4号80cm輪針(輪針で往復編み〈p.41を参照〉)、7号、6号80cm輪針、6号、4号40cm輪針

**ゲージ** メリヤス編み 24目33段が10cm四方
編込み模様 27目28段が10cm四方(6号針)

**寸法** Mサイズ 胸回り104cm、着丈59cm、ゆき丈72cm
Lサイズ 胸回り112cm、着丈65cm、ゆき丈75cm

**編み方** ※[ ]内はLサイズの段数、目数。
糸はフェルテッドツイード1本どり、キッドシルクヘイズ2本どりで指定の配色、指定の針の号数で編みます。

・後ろ身頃を編みます。
5号針で別鎖の裏山を拾う作り目で125目[135目]作り目をします。続けてメリヤス編みで90段[100段]編みます。袖下まちは別糸に通して休み目にし、続けてメリヤス編みでラグラン線を、途中でヨーク線を減らしながら16段[26段]編み、残った目は休み目にします。糸をつけてヨーク線を伏せ目した後は左右対称に編みます。残った目は休み目にします。別鎖をほどき、4号針で125目[135目]拾います。2段めで112目[120目]に均等に減らし、1目ゴム編みを26段編みます。1目ゴム編み止め(往復編み)をします。
・前身頃を編みます。
5号針で別鎖の裏山を拾う作り目で125目[135目]作り目をします。続けてメリヤス編みで74段[94段]編みます。ヨーク線を減らしながら編み、90段[100段]まで編んだら、袖下まちは別糸に通して休み目にします。ラグラン線を減らしながら10

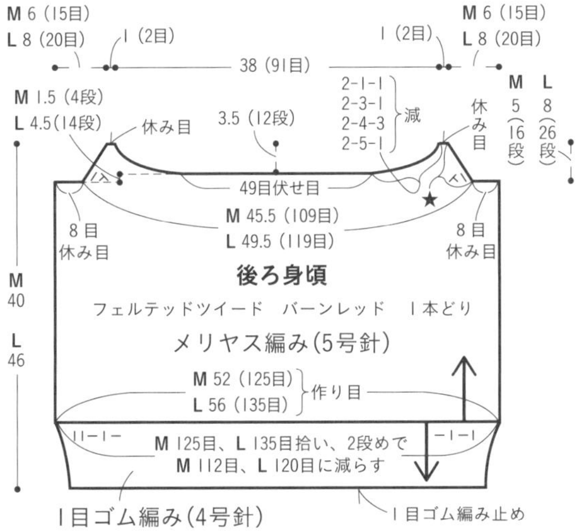


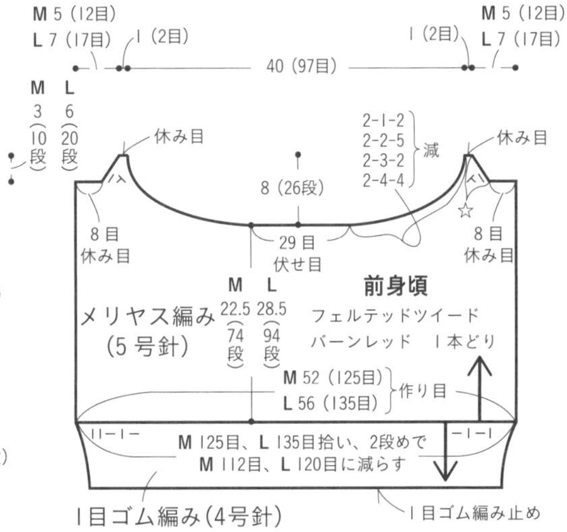


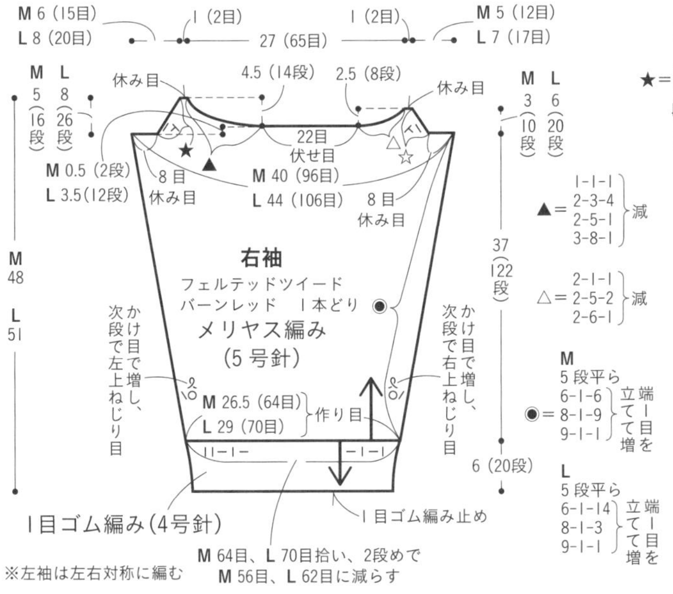


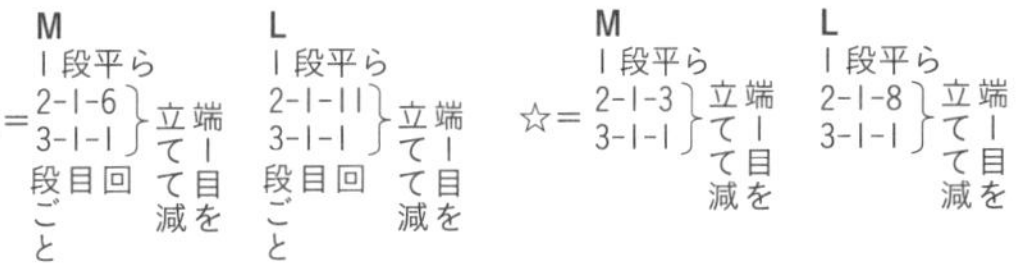


身頃、袖
1目ゴム編み(4号針)

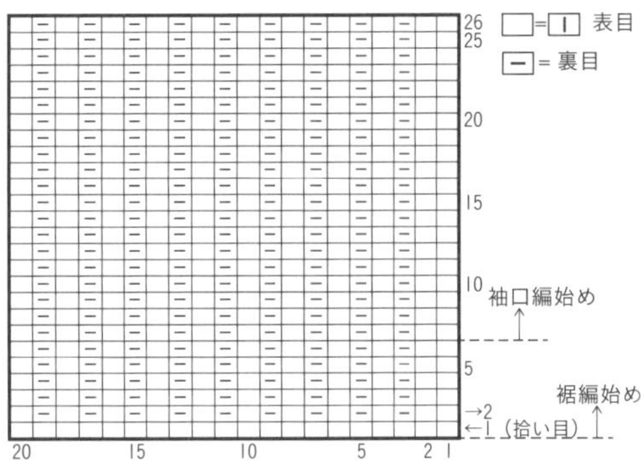

段[20段]編み、残った目は休み目にします。糸をつけてヨーク線を伏せ目した後は左右対称に編みます。残った目は休み目にします。別鎖をほどき、4号針で125目[135目]拾います。2段めで112目[120目]に均等に減らし、1目ゴム編みを26段編みます。1目ゴム編み止め(往復編み)をします。

・袖を編みます。

右袖は5号針で別鎖の裏山を拾う作り目で64目[70目]作り目をします。続けてメリヤス編みで増しながら122段編みます。袖下まちは別糸に通して休み目にします。続けてメリヤス編みでラグラン線を、途中でヨーク線を減らしながら10段[20段]編み、残った目は休み目にします。糸をつけてヨーク線を伏せ目した後は減らしながら16段[26段]編み、残った目は休み目にします。別鎖をほどき、4号針で64目[70目]拾います。2段めで56目[62目]に均等に減らし、1目ゴム編みを20段編みます。1目ゴム編み止め(往復編み)をします。左袖は対称に編みます。

・ヨーク、衿ぐりを編みます。

7号針で左袖、前身頃、右袖、後ろ身頃の順でヨーク線から拾い目します。編込み模様で8段増減なく輪に編みます。6号針に替え、続けてヨークの減目をしながら47段編みます。4号針に替え、1目ゴム編みを編みますが、2段めで140目に均等に減らし、10段編みます。1目ゴム編み止め(輪編み)をします。

・仕上げます。

ラグラン線、脇、袖下をすくいとじ、袖下まちをメリヤスはぎします。

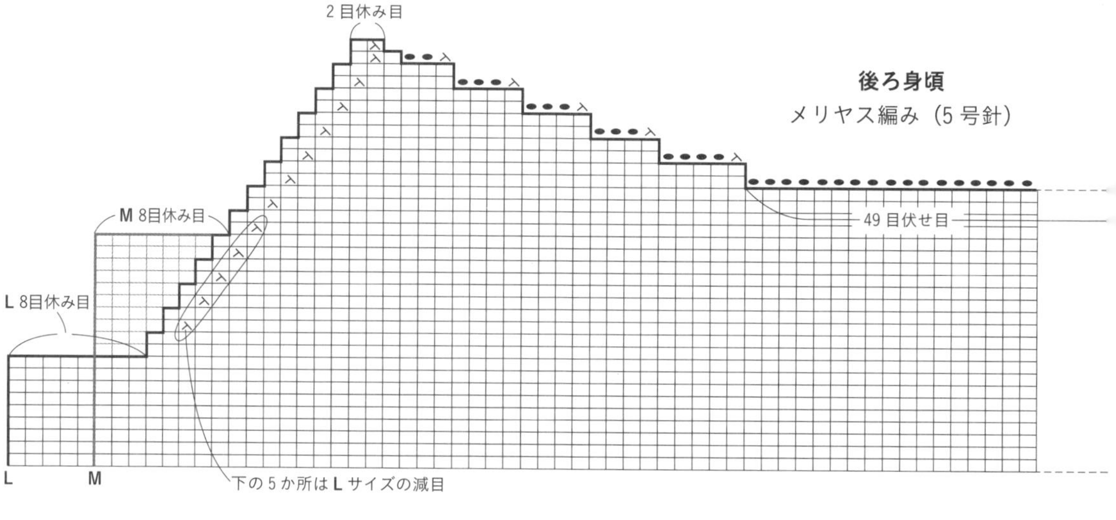


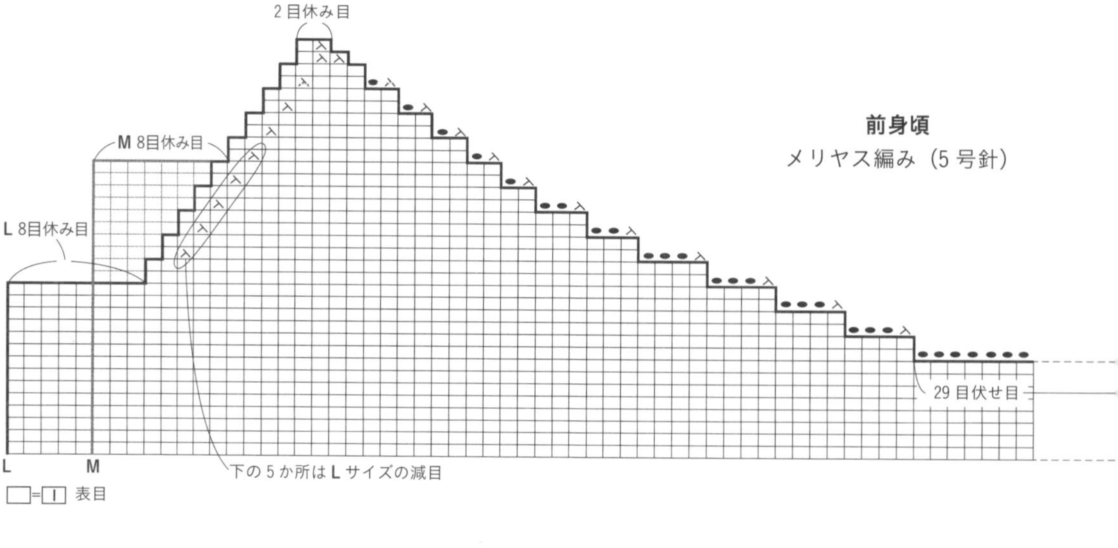

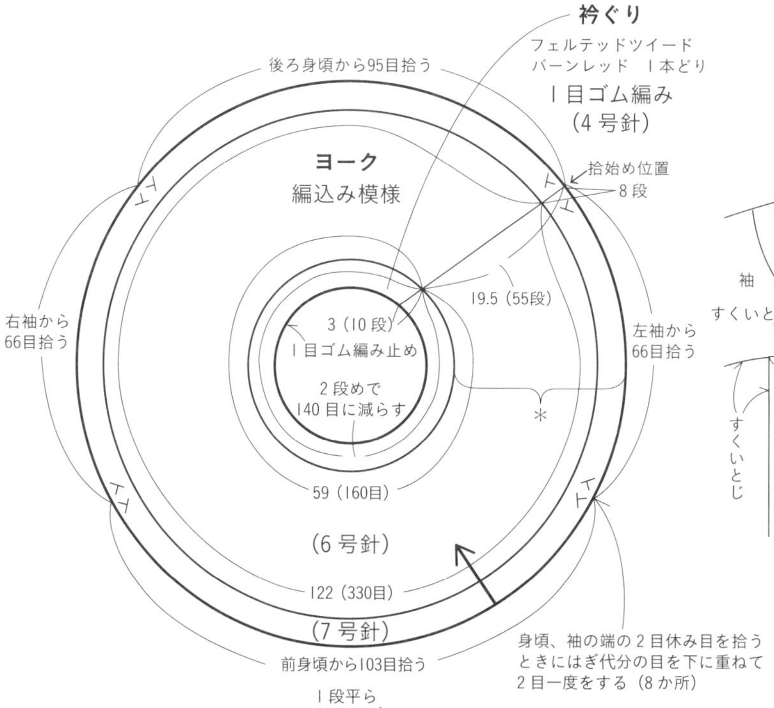
衿ぐり
フェルテッドツイード
バーンレッド　1本どり
1目ゴム編み
(4号針)
後ろ身頃から95目拾う
ヨーク
編込み模様
拾始め位置
8段
19.5 (55段)
3 (10段)
1目ゴム編み止め
2段めで
140目に減らす
右袖から
66目拾う
左袖から
66目拾う
＊
59 (160目)
(6号針)
122 (330目)
(7号針)
前身頃から103目拾う
身頃、袖の端の2目休み目を拾う
ときにはぎ代分の目を下に重ねて
2目一度をする (8か所)

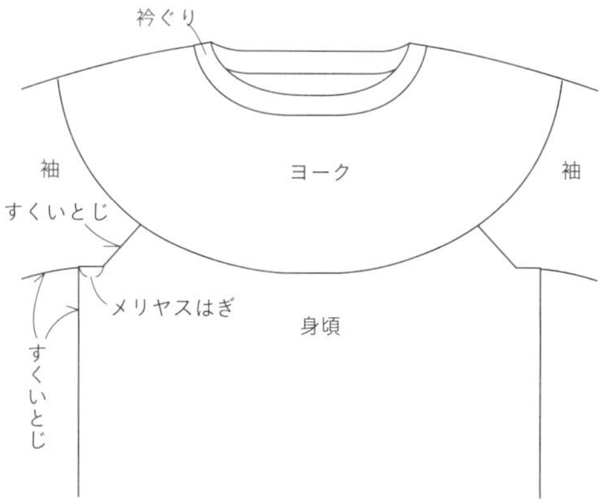
衿ぐり
袖
ヨーク
袖
すくいとじ
メリヤスはぎ
身頃
すくいとじ

1段平ら
12-32-1
6-28-1
＊＝14-44-1 減
5-24-1
17-42-1

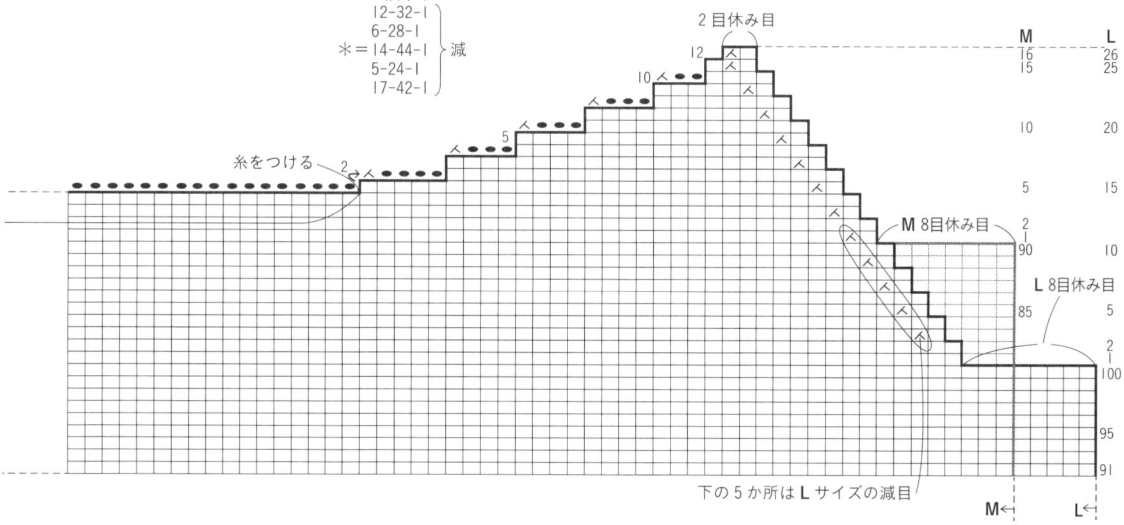
2目休み目
M
L
糸をつける
M 8目休み目
L 8目休み目
下の5か所はLサイズの減目
M←
L←

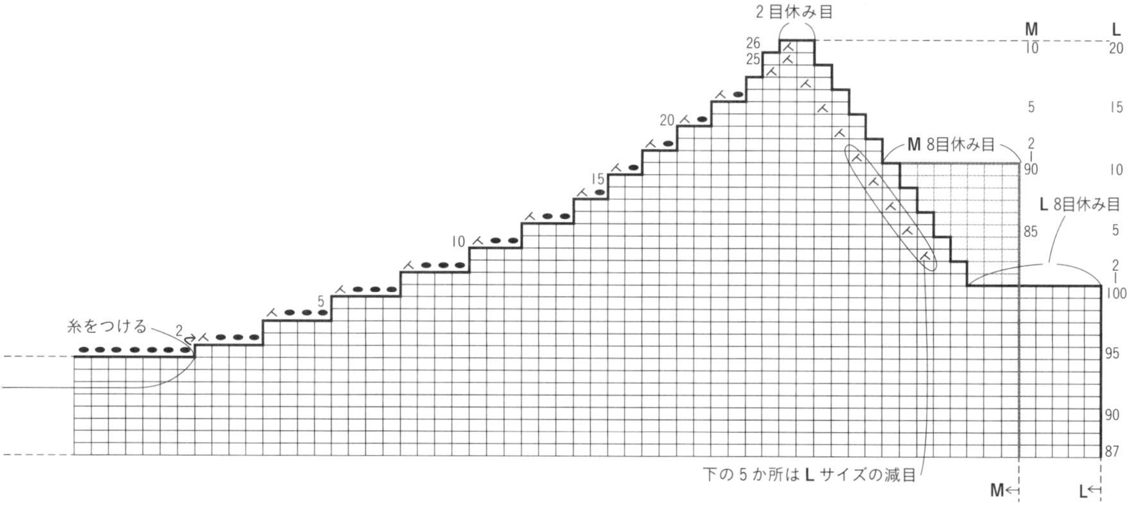
2目休み目
M
L
糸をつける
M 8目休み目
L 8目休み目
下の5か所はLサイズの減目
M←
L←

計算式　※7目ごと＝6目と7目を2目一度する

36段め＝3目そのまま 6-1-43 3-1-1

54段め＝2目そのまま 6-1-31 4-1-1

22段め＝12-1-24 減らす

42段め＝7-1-1 8-1-6 ｝4回繰り返して減らす

17段め＝8-1-6 7-1-1 ｝6回繰り返して減らす
目目回
ごと

## ヨーク、衿ぐり

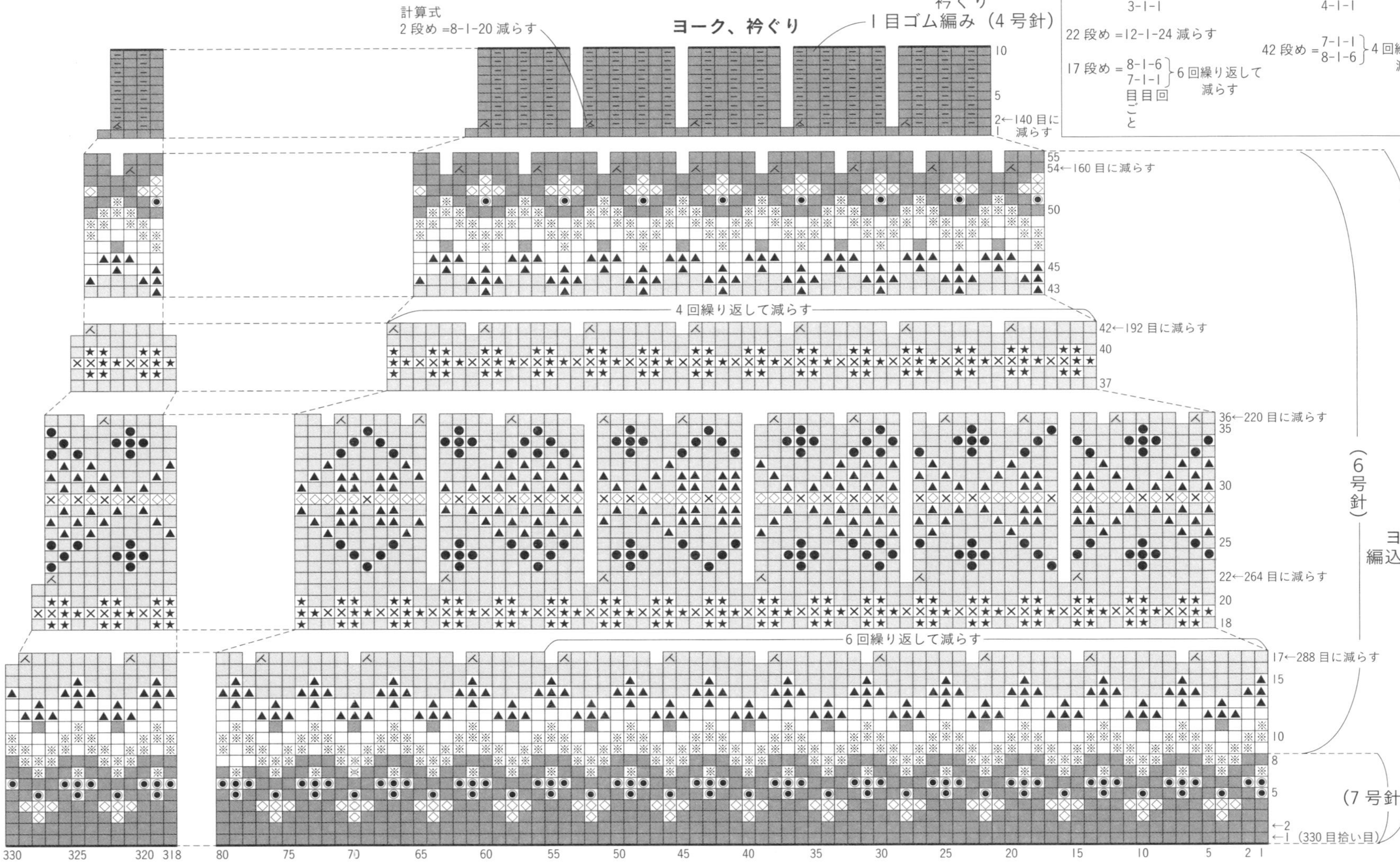


□＝| 表目　－＝裏目

フェルテッドツイード　1本どり：バーンレッド、クレイ、ストーン

キッドシルクヘイズ　2本どり：▲カシス、★淡褐色、●トルコプラム、◉ラスター、※ブロンズ、◇クリーム、×エバーグリーン

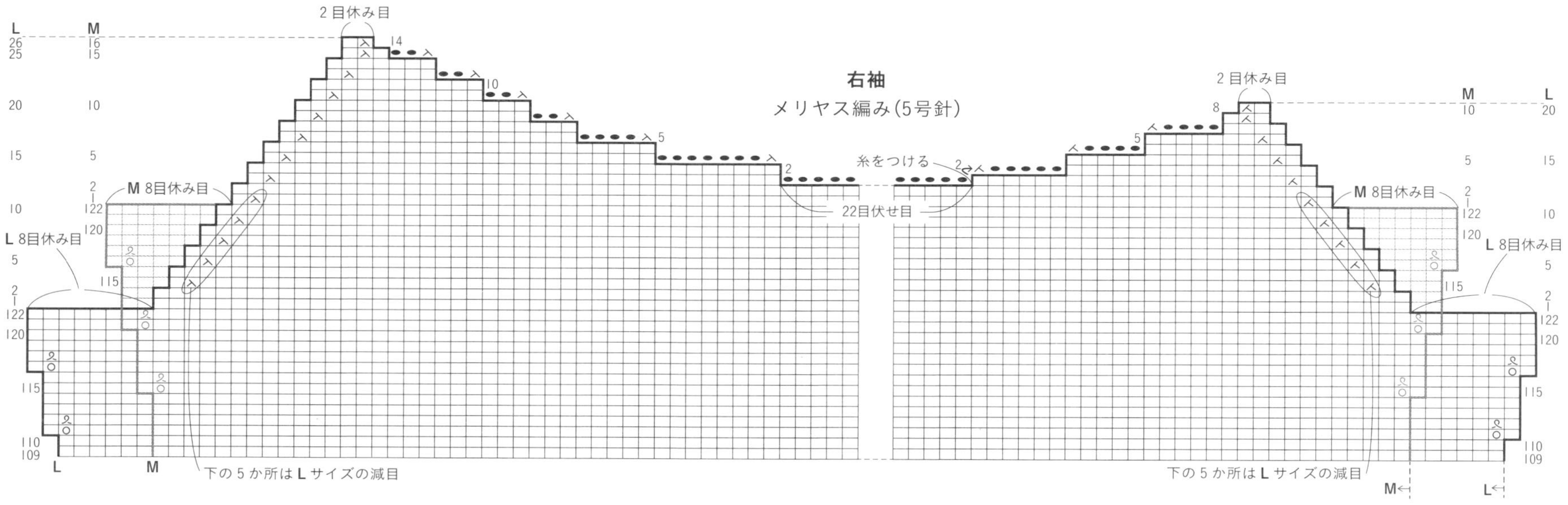
右袖
メリヤス編み(5号針)
2目休み目
M 8目休み目
L 8目休み目
糸をつける
22目伏せ目
下の5か所はLサイズの減目

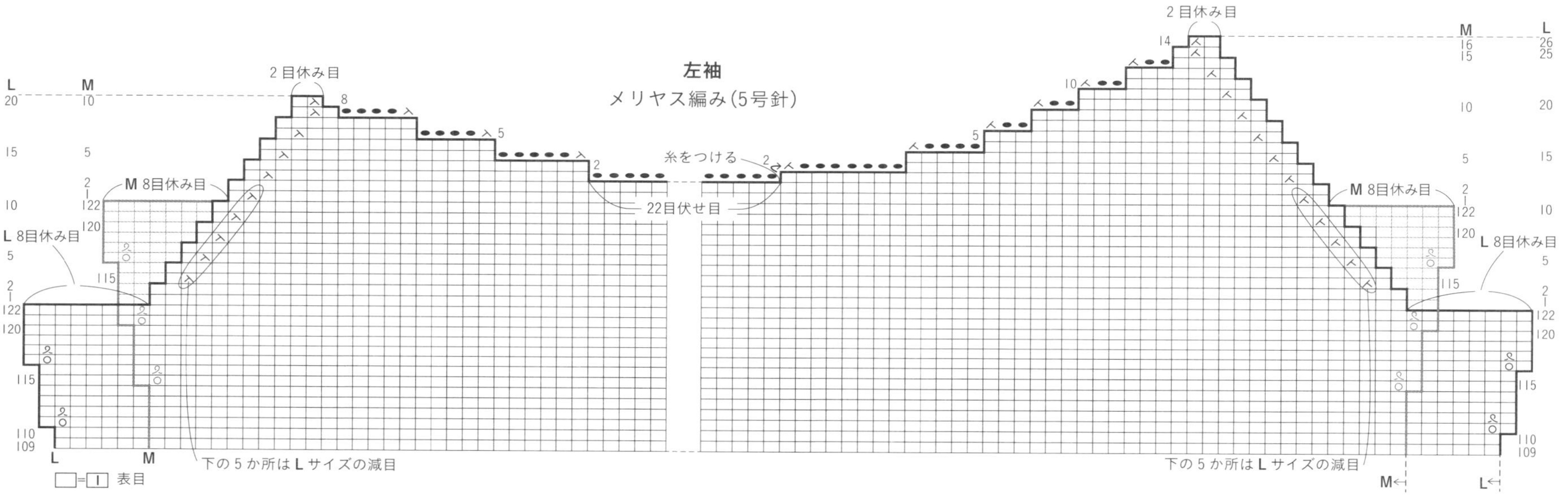
左袖
メリヤス編み(5号針)
2目休み目
M 8目休み目
L 8目休み目
糸をつける
22目伏せ目
下の5か所はLサイズの減目
□=I 表目

## p.20　フリルカーディガン

材料　[パピー]シェットランド 赤(29)Mサイズ 550g、Lサイズ 600g

用具　6号、4号2本棒針(輪針で往復編みの場合〈p.41を参照〉6号、4号80cm輪針)

付属　直径1.5cmのボタン6個

ゲージ　模様編みA、A' 26目が8cm、30段が10cm
模様編みB 14目が4.5cm、30段が10cm
裏メリヤス編み 21.5目30段が10cm四方

寸法　Mサイズ 胸回り101.5cm、着丈61cm、背肩幅36cm、袖丈52cm
Lサイズ 胸回り111.5cm、着丈66.5cm、背肩幅38.5cm、袖丈55cm

編み方　※[　]内はLサイズの段数、目数。
糸は1本どりで指定の針の号数で編みます。

・後ろ身頃を編みます。
6号針で指で針にかける作り目で125目[137目]作り目をします。続けてねじり1目ゴム編み、模様編みA、裏メリヤス編み、模様編みA'で32段、裏メリヤス編み、模様編みA、A'で80段[88段]編みます。袖ぐりを減らしながら58段[66段]編みます。肩は8段引返しをし、休み目にします。衿ぐりは伏せ目して減らしながら編みます。

・前身頃を編みます。
右前身頃は6号針で指で針にかける作り目で61目[67目]作り目をします。続けて模様編みA'、ねじり1目ゴム編みで32段、模様編みA'、裏メリヤス編みで80段[88段]編みます。袖ぐりを減らしながら58段[66段]編みます。肩は8段引返しをし、休み目にします。衿ぐりは伏せ目して減らしながら編みます。左前身頃は左右対称に編みます。

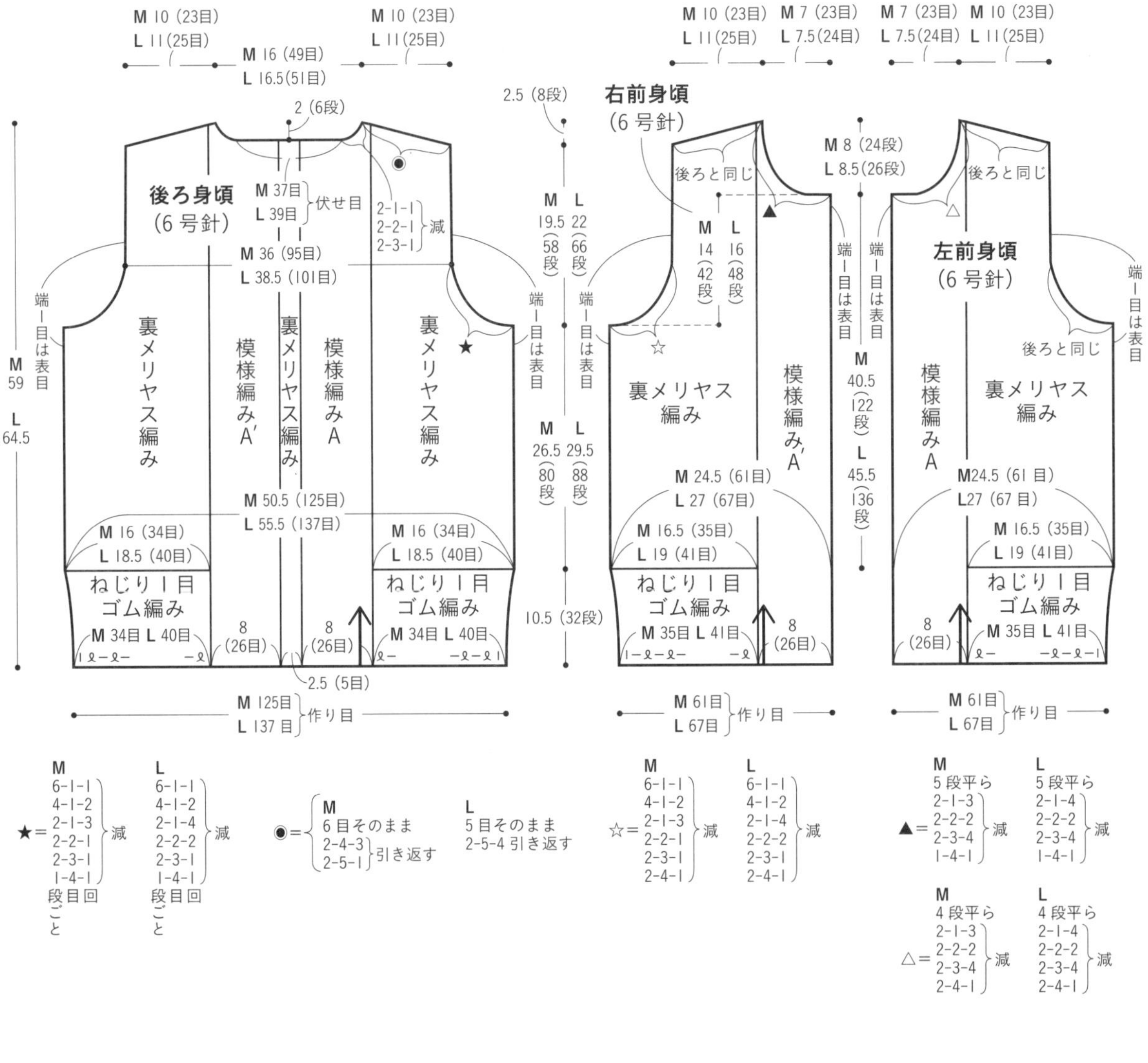

・袖を編みます。

6号針で指で針にかける作り目で54目[58目]作り目をします。続けてねじり1目ゴム編み、模様編みBで22段編みます。1段めで増し目をして64目［68目］にします。裏メリヤス編み、模様編みBで袖下を増しながら96段［100段］編みます。続けて袖山を減らしながら38段［42段］編みます。最後は伏止めをします。

・仕上げます。

肩を引抜きはぎします。衿ぐりを拾い目をして4号針でガーター編みで6段編み、伏止めをします。前立てを左右の前端から拾い目をして4号針でガーター編みで6段編みます。右前立てはボタン穴をあけて編みます。最後は伏止めをします。脇と袖下をすくいとじします。袖山と袖ぐりを引抜きとじします。左前立てにボタンをつけます。

ポイント

編み地の端目を表目で編むと、1目と2目の間の渡り糸が分かりやすく、「とじ」や「拾い目」の作業がしやすいです。

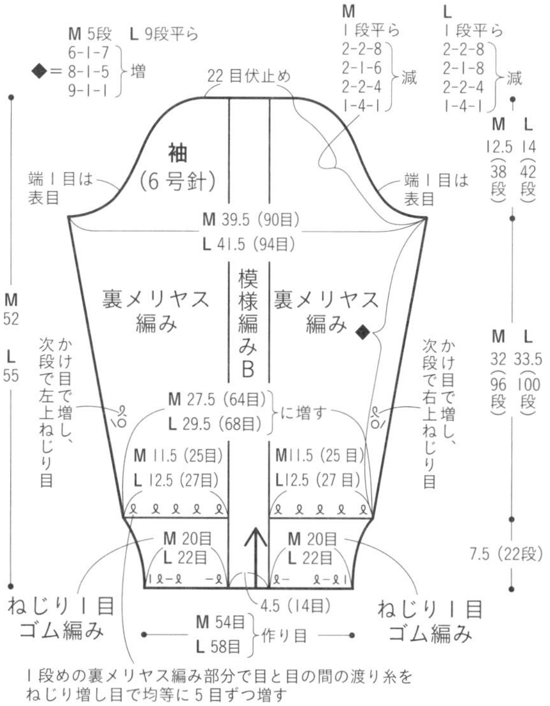


**後ろ身頃、左前身頃**

模様編みA(6号針)

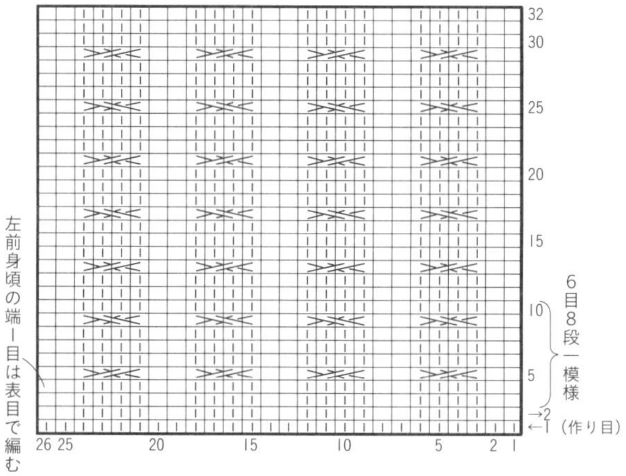


**後ろ身頃、右前身頃**

模様編みA'(6号針)

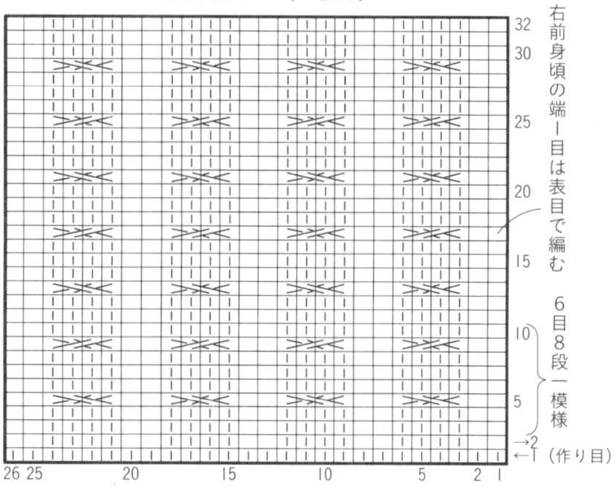


**袖**

模様編みB(6号針)

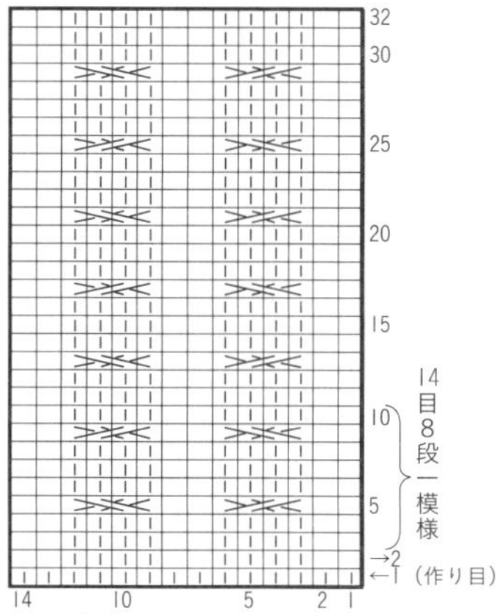


| = 表目

□ = ― 裏目

**身頃、袖**

ねじり1目ゴム編み(6号針)

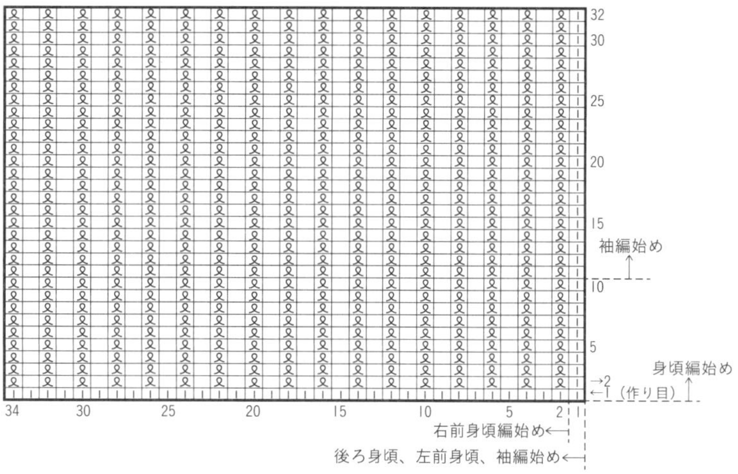

## 後ろ身頃の肩の引返しと衿ぐり
### Mサイズ

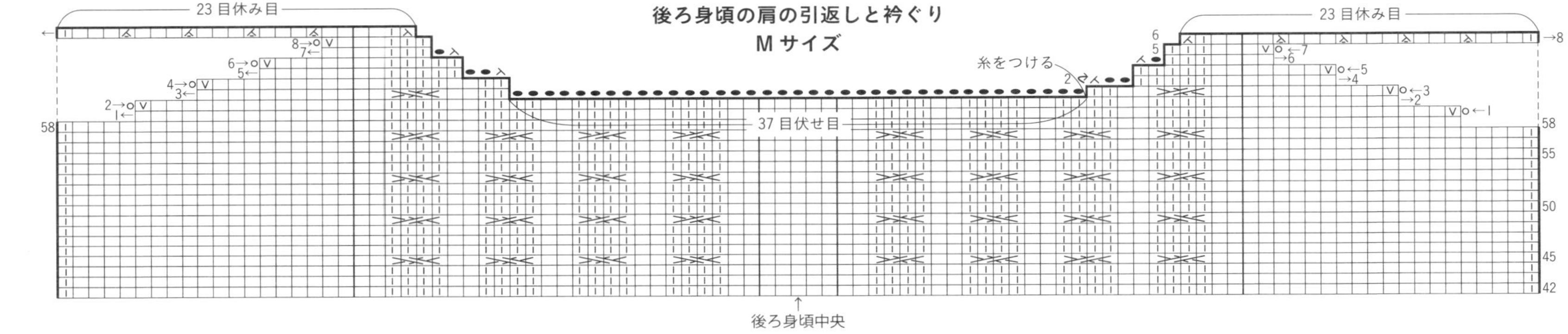


## 後ろ身頃の肩の引返しと衿ぐり
### Lサイズ

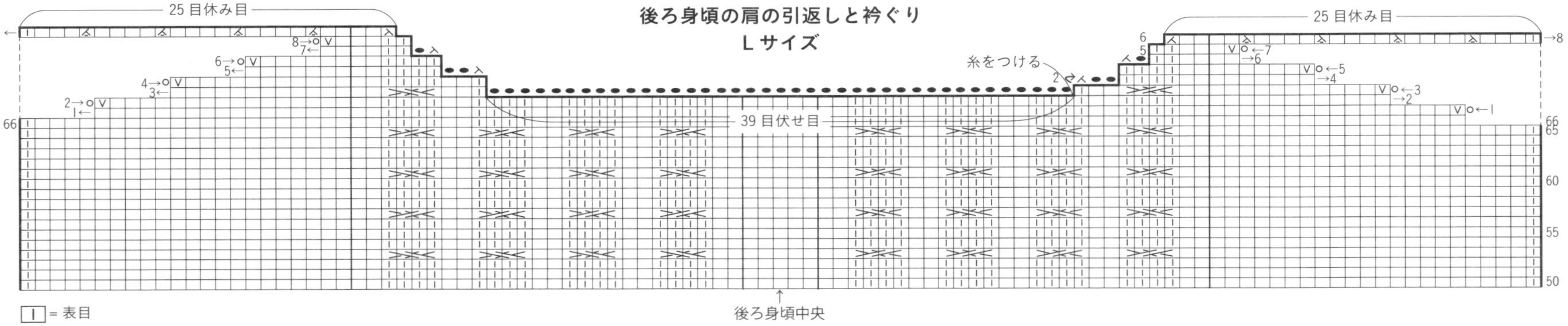


□ = 表目
□ = ー 裏目

## 右前立て
ガーター編み（4号針）
※左前立ては拾う位置を対称にして編む

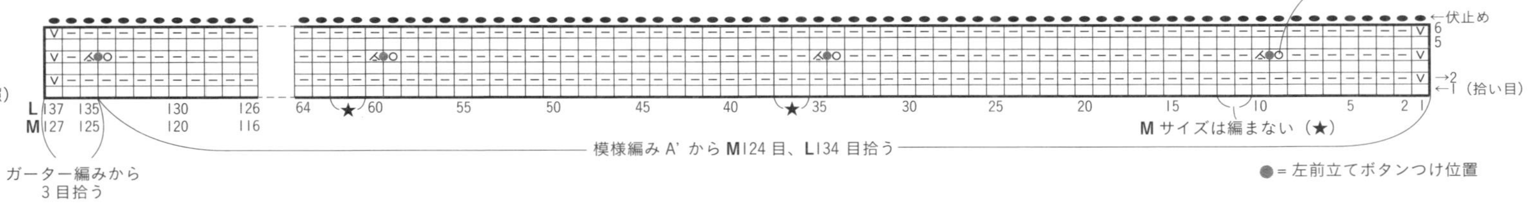


□ = ｜ 表目
ー = 裏目
V = すべり目（p.70を参照）

● = 左前立てボタンつけ位置

**衿ぐり、前立て**
ガーター編み(4号針)

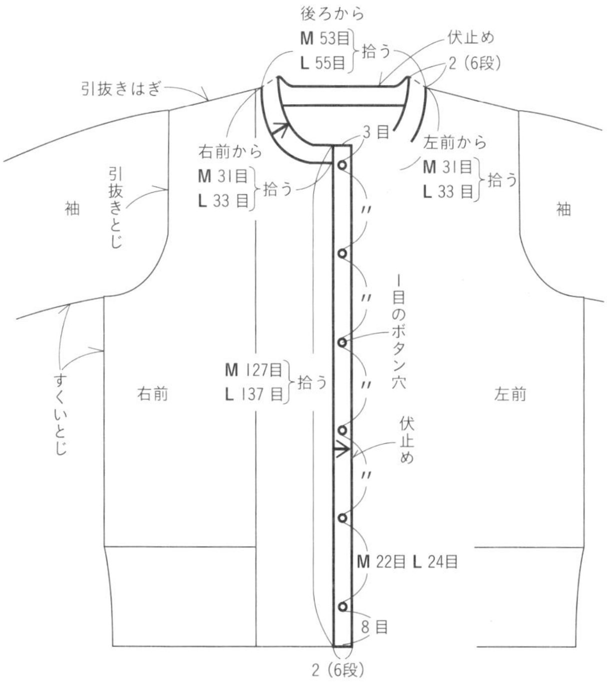


**衿ぐり**
ガーター編み(4号針)

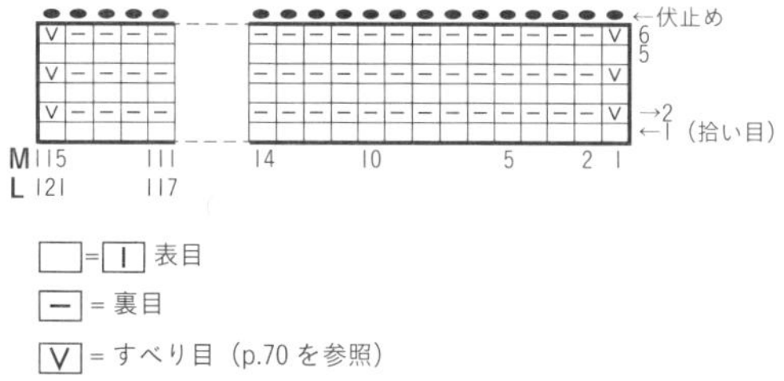


p.24 Twin cable セーター

※製図はp.82に掲載しています

材料　[パピー]シェットランド ディープブルー(53) Mサイズ520g、Lサイズ 600g

用具　6号、7号80cm輪針(輪針で往復編み、マジックループで編む〈p.41を参照〉)、5号40cm輪針、5号短5本棒針

ゲージ　メリヤス編み 21.5目29段が10cm四方
模様編み 27.5目29段が10cm四方

寸法　Mサイズ 胸回り105cm、着丈58cm、背肩幅52.5cm、袖丈49cm(ゆき丈75cm)
Lサイズ 胸回り113cm、着丈63cm、背肩幅56.5cm、袖丈49cm(ゆき丈77cm)

編み方　※[　]内はLサイズの段数、目数。
糸は1本どりで指定の針の号数で編みます。
・前後身頃を編みます。
6号針で指で針にかける作り目で113目 [121目] 作り目をします。続けてガーター編みで14段[16段]、メリヤス編みで70段[78段]、ガーター編みで4段編みます。7号針に替え、1段めで増し目をして140目[151目]にします。メリヤス編み、模様編みで60段[64段]編みます。袖つけ止りに印をつけておきます。肩は18段引返しをし、休み目にします。衿ぐりを伏せ目して減らしながら編みます。肩を引抜きはぎします。スリット止りから袖つけ止りまですくいとじします。
・衿ぐりを編みます。
衿ぐりを前から72目[73目]、後ろから56目[57目]拾い目して5号針で輪に1目ゴム編みで9段編みます。1目ゴム編み止め(輪編み)をします。
・袖を編みます。
袖ぐりから78目[82目]拾い目をし、6号針で輪にメリヤス編みで編みます。袖下で減らしながら116段編みます。5号針に替え、1段めは表編み、2段めは1目ゴム編みを編みながら48目[52目]に減らし、27段編みます。1目ゴム編み止め(輪編み)をします。

ポイント
袖が細めなので丈を長めにし、動きやすくしています。長すぎる場合はメリヤス編みの平らな部分、1目ゴム編みの丈を調整してください。

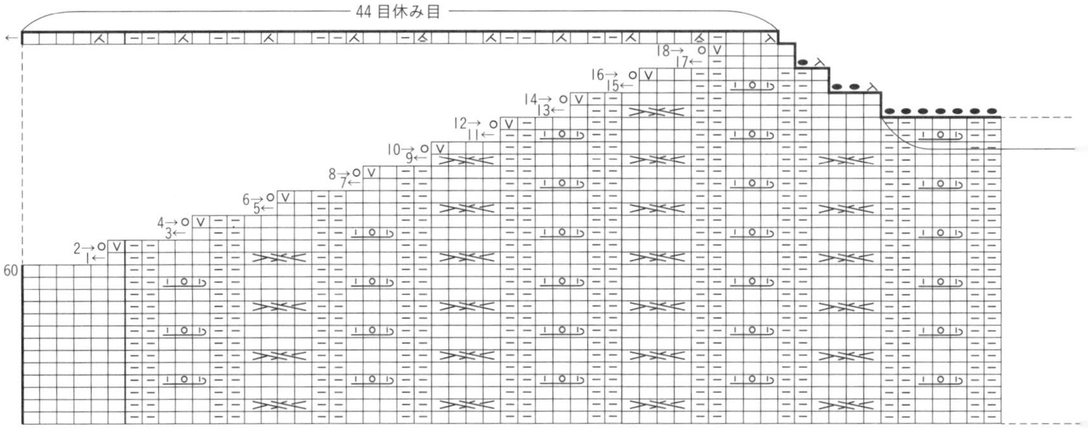


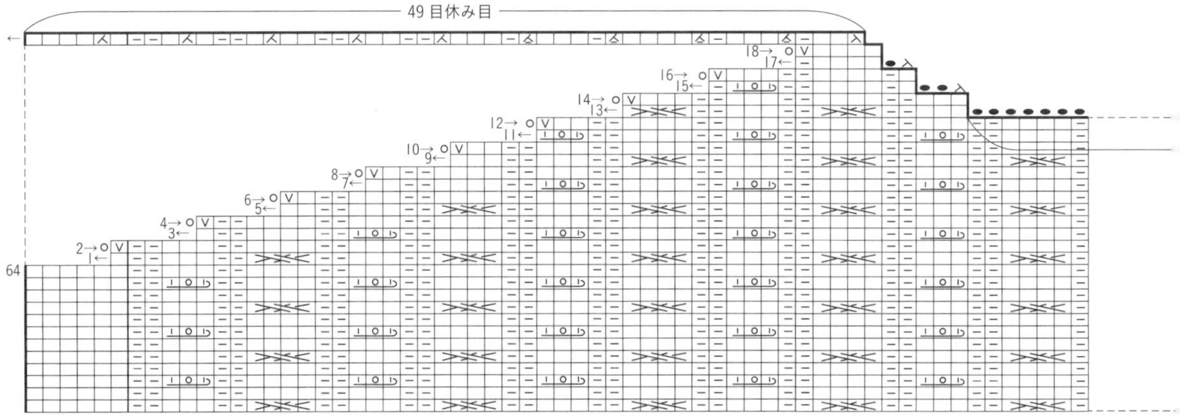


## 前後身頃の増し目、ガーター編み、メリヤス編み、模様編み

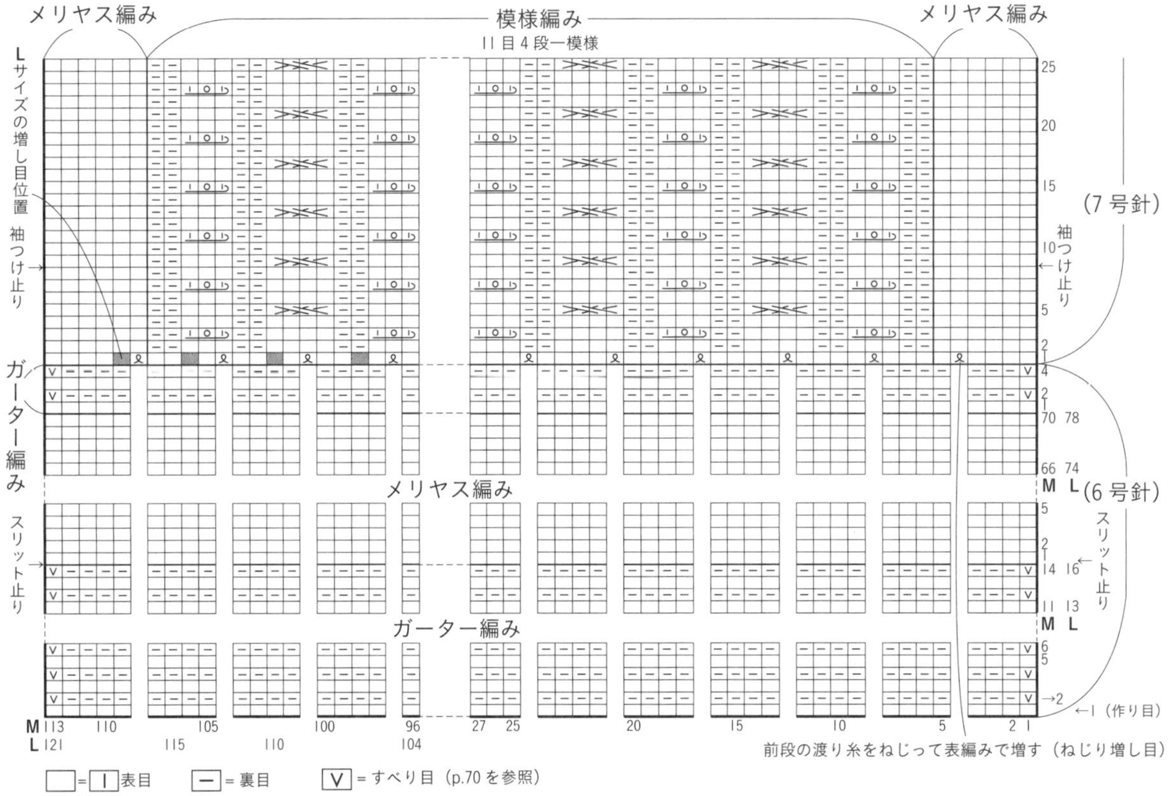


□＝｜表目　−＝裏目　V＝すべり目（p.70を参照）

### 後ろ身頃の肩の引返しと衿ぐり
### Mサイズ

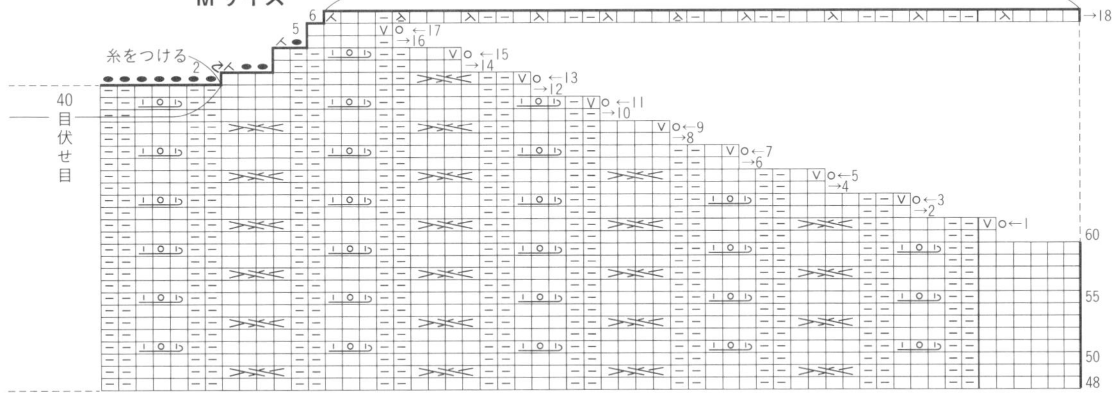


### 後ろ身頃の肩の引返しと衿ぐり
### Lサイズ

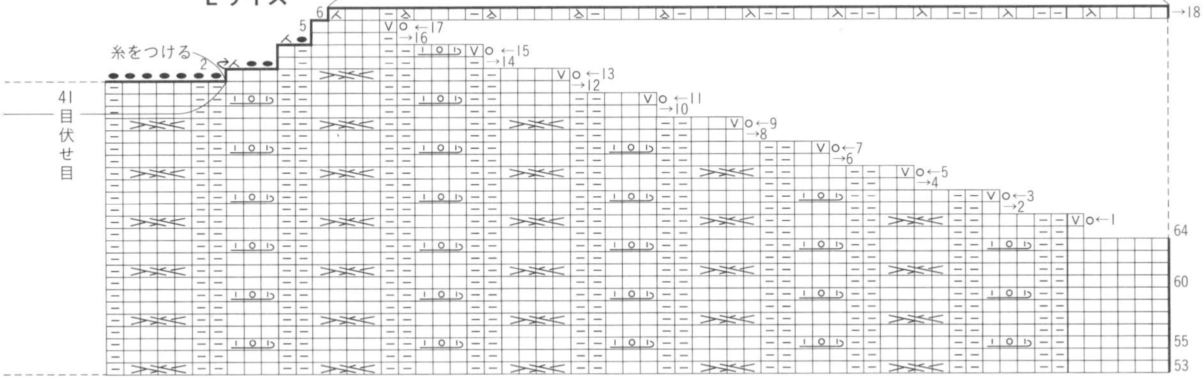


## 3目のかぶせ目（ノット編み）

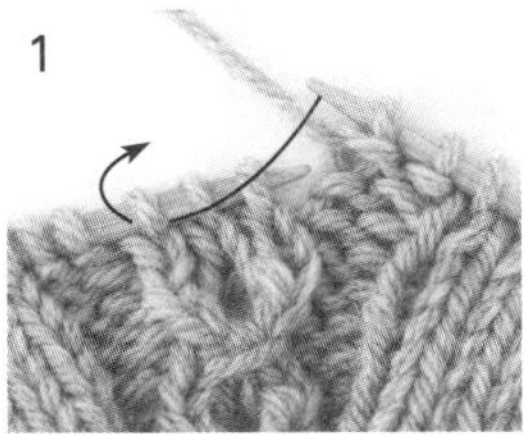

右針で矢印のように3目めをすくう

右隣の2目にかぶせる

かぶせた状態

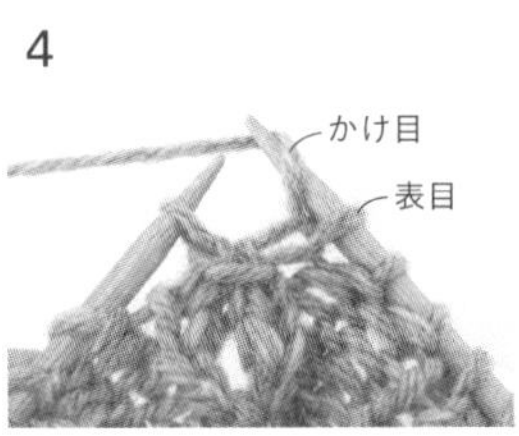

表目、かけ目の順に編む

最後に表目を編む。3目のかぶせ目が編めた

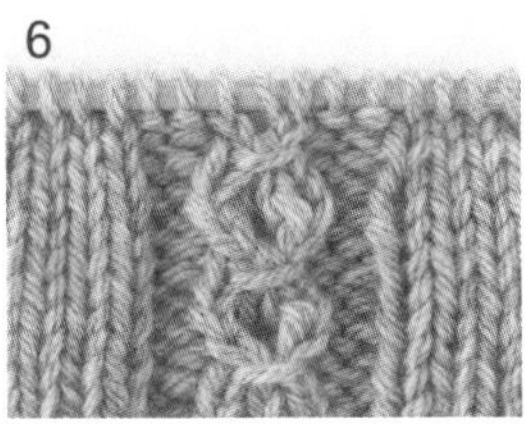

3目のかぶせ目の段を編み終えた状態

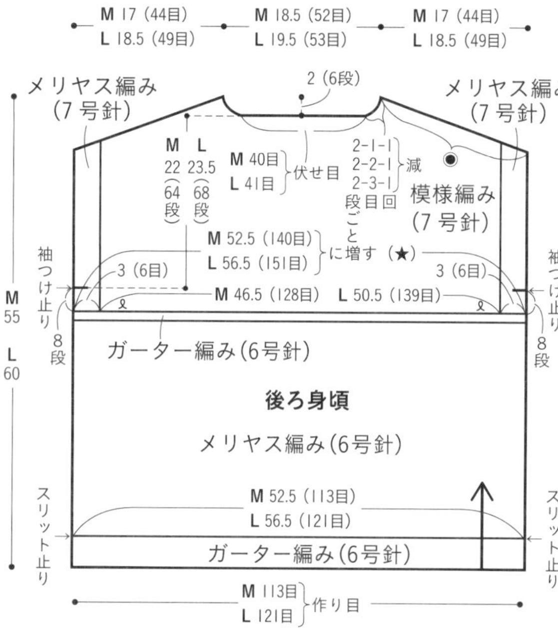


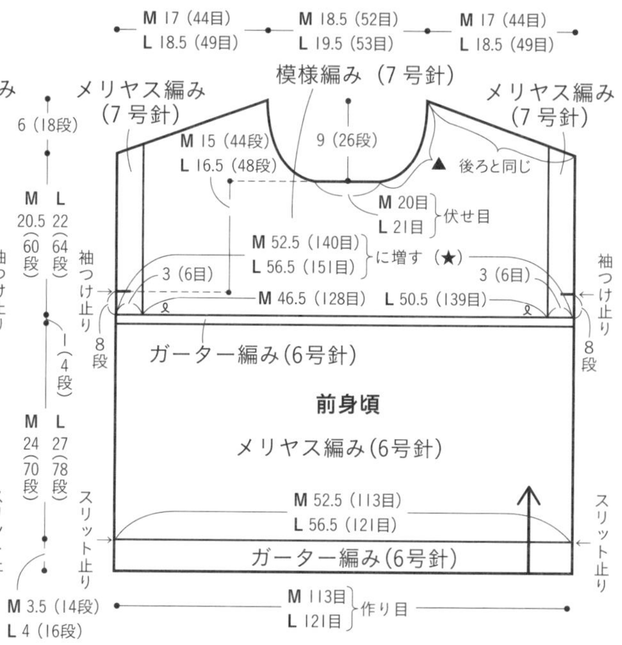


◉＝ M 4目そのまま 2-4-5 2-5-4 引き返す　L 4目そのまま 2-5-9 引き返す

★＝前段の渡り糸をねじって表編みで **M** 27目、**L** 30目を右の計算式の間隔で増す（ねじり増し目）

M＝ 5目そのまま 4-1-27 目目回ごとに増す

L＝ 4目そのまま 3-1-1 4-1-9 3回繰り返す 目目回ごとに増す

▲＝ 6段平ら 4-1-1 2-1-4 2-2-2 2-3-1 2-4-1 減

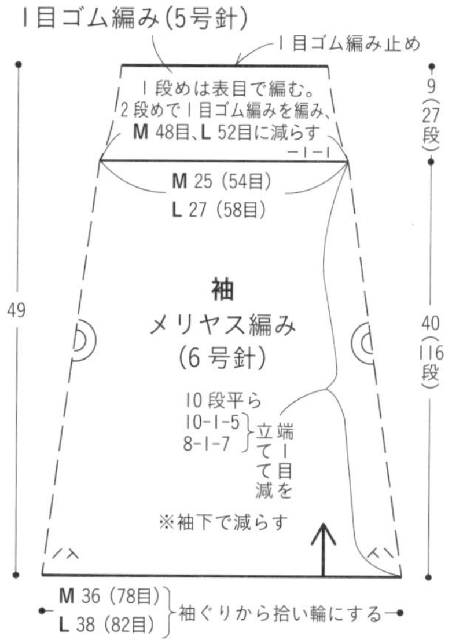


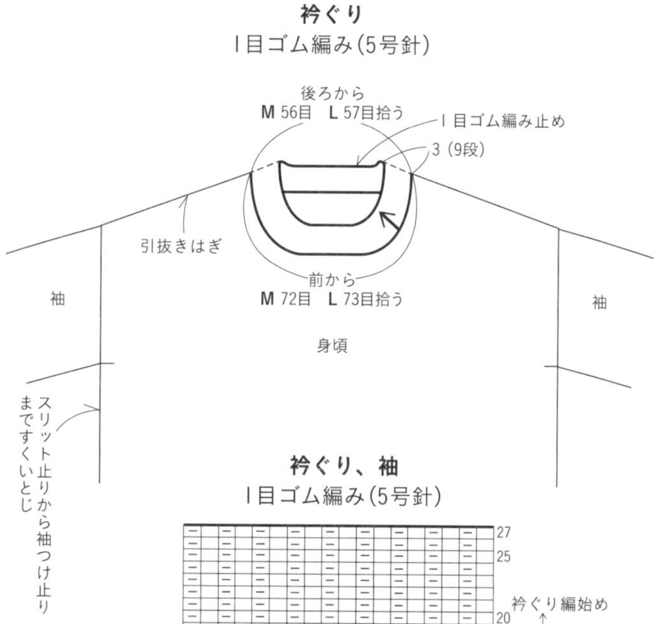


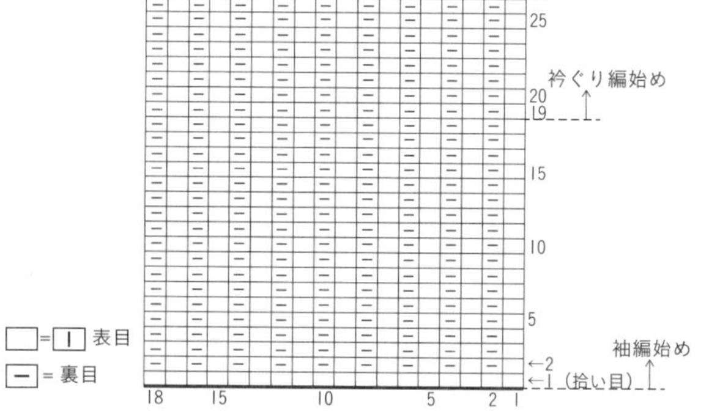

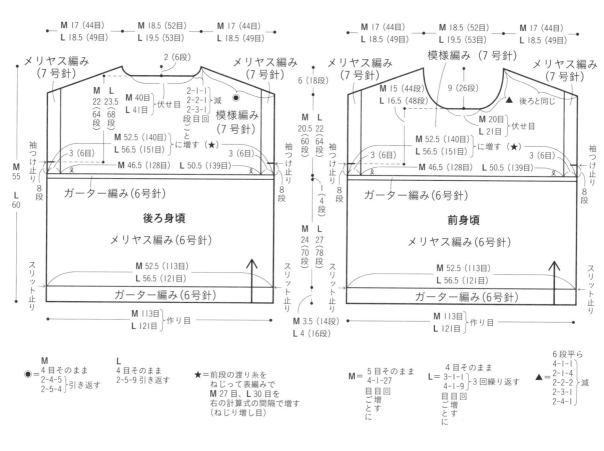

 
# Fluffy キャップ

材料 [DARUMA]LOOP きなり(1) 45g、空気をまぜて糸にしたウールアルパカ きなり(1) 10g
用具 10号40cm輪針、短4本棒針(マジックループの場合〈p.41を参照〉10号80cm輪針)、9号40cm輪針
ゲージ ガーター編み 14目18.5段が10cm四方
寸法 頭回り53.5cm、深さ23.5cm

編み方
糸は指定の本数、種類、針は指定の号数で編みます。
糸は空気をまぜて糸にしたウールアルパカ(以下、図中ウールアルパカ)2本どり、9号針で指で針にかける作り目で100目作り目をし、輪にします。続けて1目ゴム編みで6段編みます。糸をLOOP 1本どり、10号針に替え、ガーター編みで22段編みますが、2段めで減し目をして75目にします。続けて減し目をしながら17段編みます。最終段の10目に糸を2回通し、絞ります。

ポイント
最終段に通す糸は、ループヤーンのLOOPでは通しにくい場合は、ストレートヤーンのウールアルパカに替えても大丈夫です。

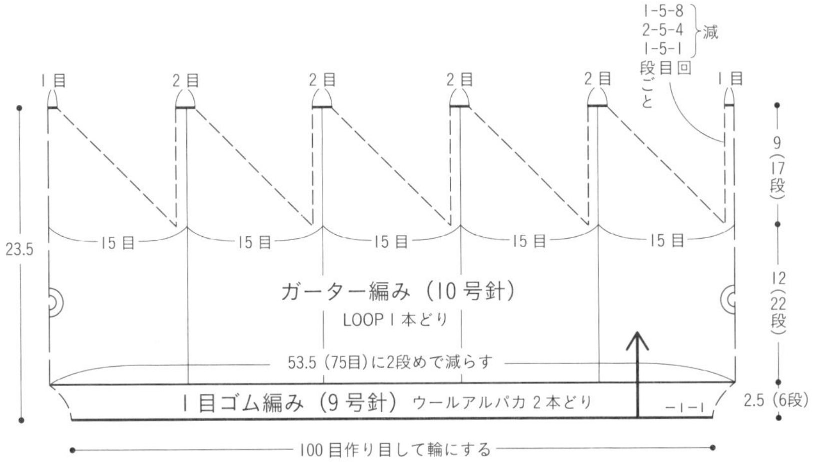


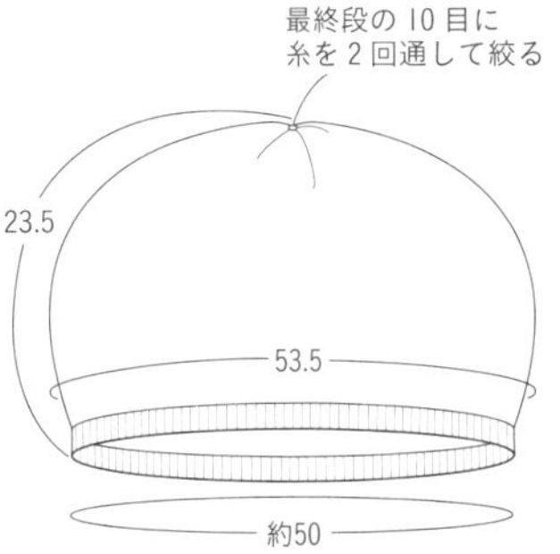


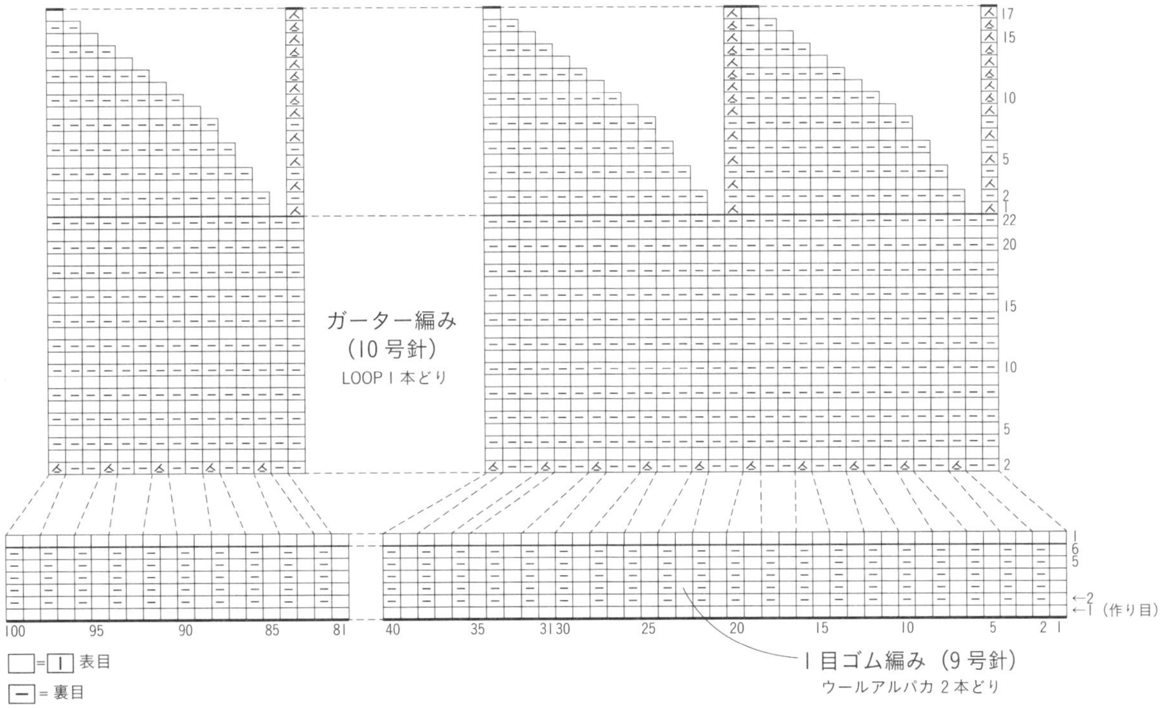

p.22 ショールカーディガン

材料 [DARUMA] 空気をまぜて糸にしたウールアルパカ ライトグレー(7)390g、シルクモヘヤ きなり(1) 220g
用具 6号80cm輪針(輪針で往復編み、マジックループで編む〈p.41を参照〉)
ゲージ メリヤス編み 19.5目28段が10cm四方
寸法 着丈70cm、背肩幅45cm、袖丈43.5cm(ゆき丈66cm)

編み方
糸は空気をまぜて糸にしたウールアルパカ 1本、シルクモヘヤ2本を引きそろえ、3本どりで編みます。
・前後身頃を編みます。
別鎖の裏山を拾う作り目で137目作り目をします。続けてかのこ編みで4段、かのこ編みとメリヤス編みで358段、かのこ編みで3段編みます。途中、袖ぐり部分に別糸を編み込みます(p.38を参照)。最後は伏止めをします。別鎖をほどき、137目拾い目をします。糸をつけて裏側から表編みしながら伏止めをします。
・袖を編みます。
身頃の別糸をほどき、袖の目を93目輪に拾います(p.38、39を参照)。2段めで91目に減らし(p.39を参照)、袖下で減らしながらメリヤス編みで輪に119段編みます。続けてかのこ編みで3段編みます。最後は伏止めをします。もう一方も同様に拾い、編みます。

ポイント
全体のバランスを考え、袖が少し短くなっています。サイズを調整する時は、着る人の背肩幅になる部分(身頃の袖ぐりと袖ぐりの間の段数)を増減して調整してください。

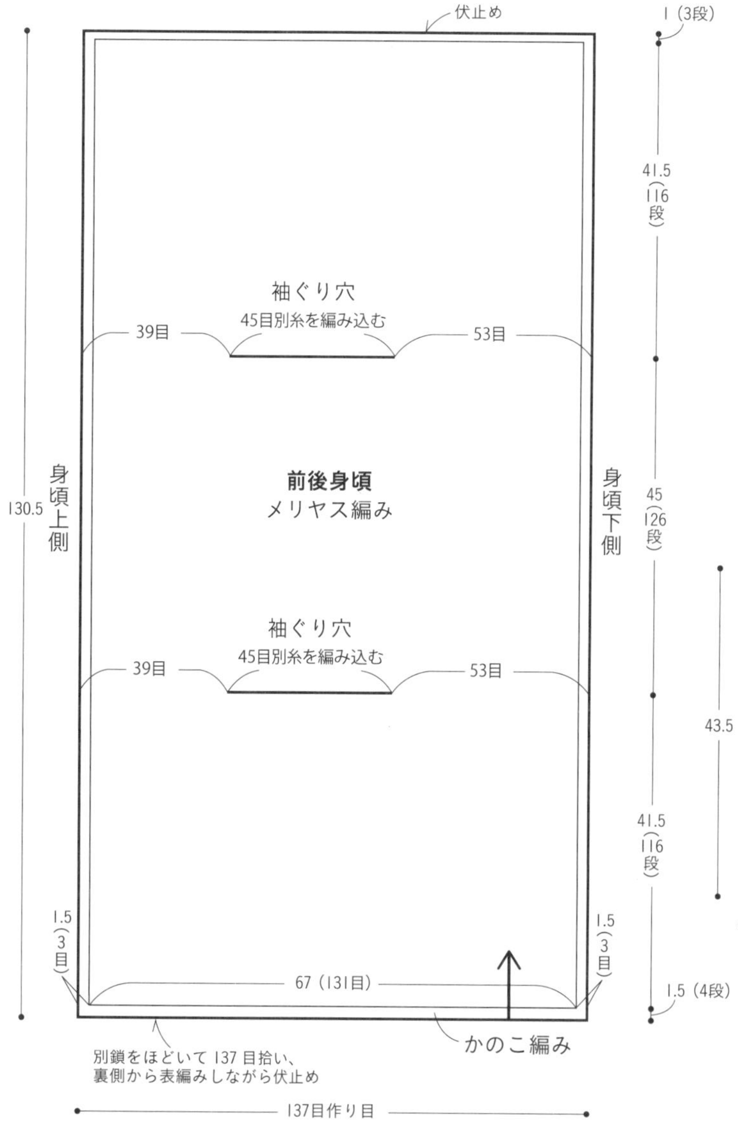


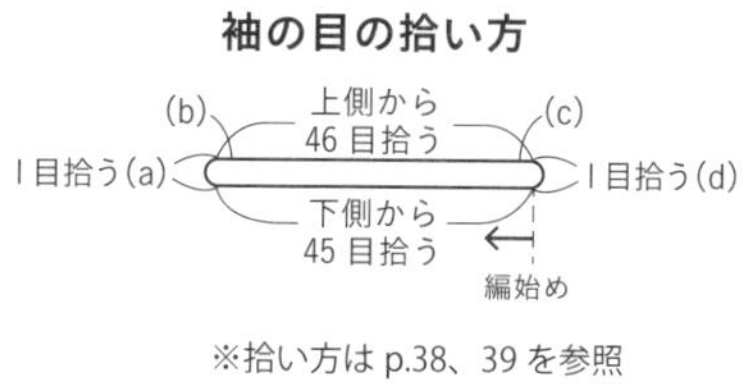


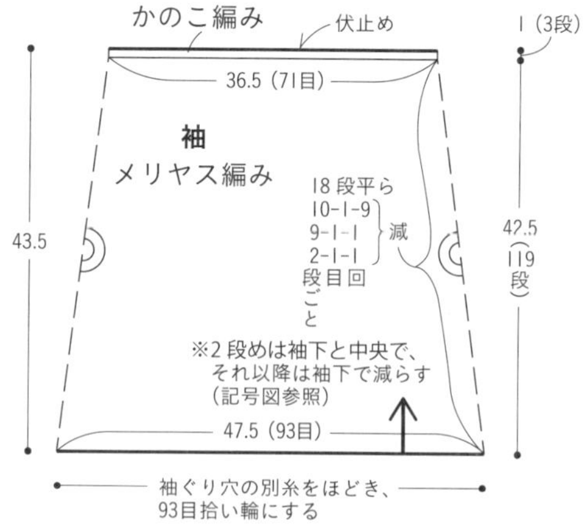

## 前後身頃

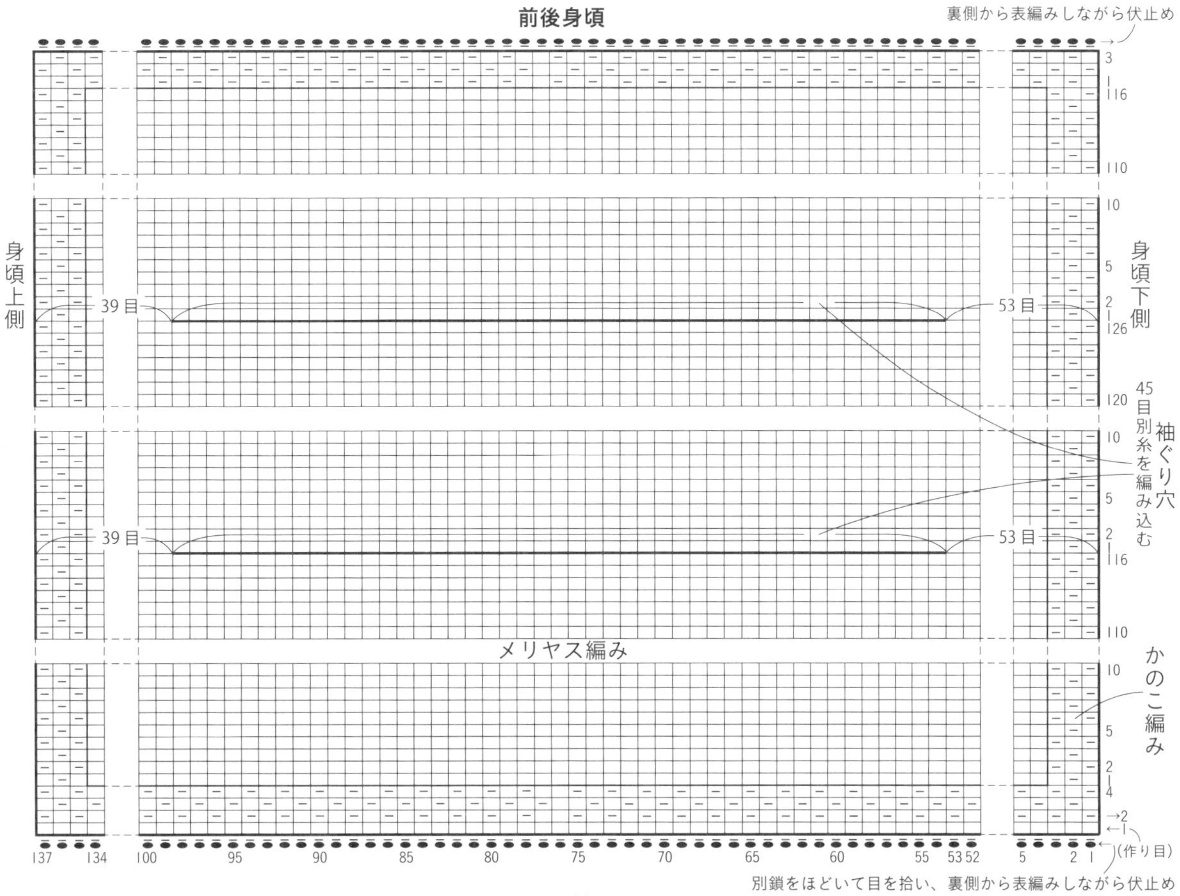
裏側から表編みしながら伏止め
身頃上側
身頃下側
39目
53目
45目別糸を編み込む
袖ぐり穴
メリヤス編み
かのこ編み
(作り目)
137
134
100
95
90
85
80
75
70
65
60
55
53
52
5
2
1
別鎖をほどいて目を拾い、裏側から表編みしながら伏止め

## 袖

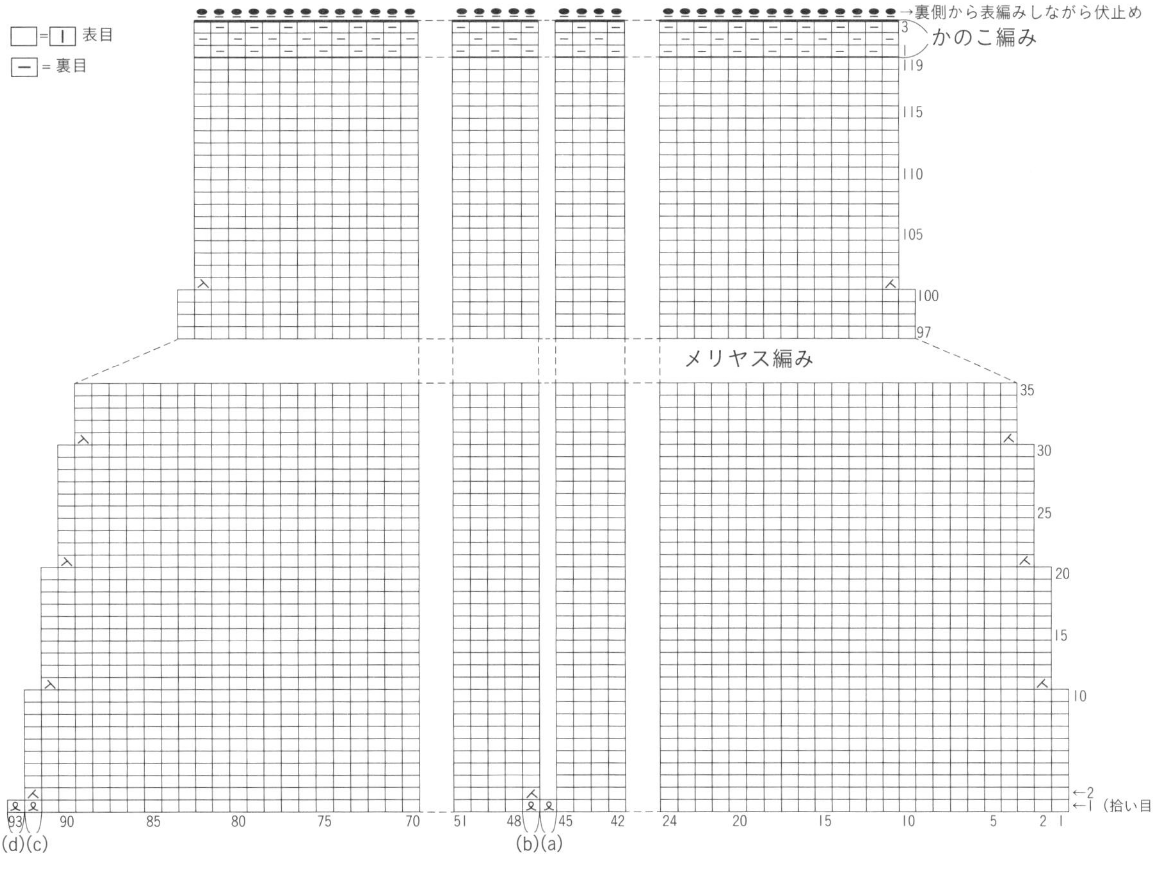
□=｜ 表目
— = 裏目
裏側から表編みしながら伏止め
かのこ編み
メリヤス編み
(拾い目)
93
90
85
80
75
70
51
48
45
42
24
20
15
10
5
2
1
(d)(c)
(b)(a)

## p.28　アルパカのミニマムベスト

材料　[パピー]チャスカ グレー(41)Mサイズ340g、Lサイズ400g

用具　6号、4号80cm輪針、4号40cm輪針

ゲージ　メリヤス編み 22目28段が10cm四方

寸法　Mサイズ 胸回り98cm、着丈61.5cm、背肩幅41cm
　　　Lサイズ 胸回り104cm、着丈68.5cm、背肩幅44cm

編み方　※[　]内はLサイズの段数、目数。

糸は1本どりで指定の針の号数で編みます。

・前後身頃を編みます。

4号針で指で針にかける作り目で216目［228目］作り目をし、輪にします。続けてねじり1目ゴム編みで24段［27段］編みます。6号針に替え、メリヤス編みで70段[80段]編みます。袖ぐり下は別糸に通して休み目にし、前身頃、後ろ身頃に分けます。それぞれを往復編み（輪針で往復編み〈p.41を参照〉）で袖ぐりを減らしながらメリヤス編みで66段［72段］編みます。肩は8段引返しをし、休み目にします。衿ぐりを伏せ目をして減らしながら編みます。

・仕上げます。

肩を引抜きはぎします。衿ぐり、袖ぐりを拾い目して4号針で輪にねじり1目ゴム編みで衿ぐりは7段[8段]、袖ぐりは8段[9段]編みます。最後は伏止めをします。

ポイント

衿ぐりや袖ぐりの縁編みは、伸止めを兼ねて伏止めで仕上げています。衿ぐりは頭が通るかを確認してください。

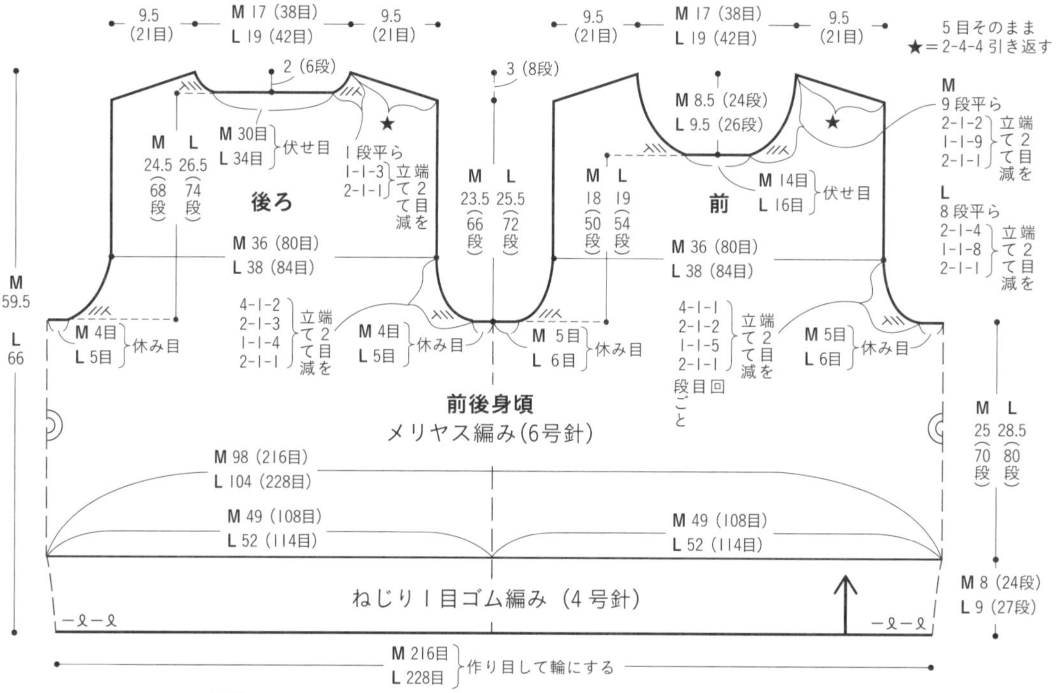


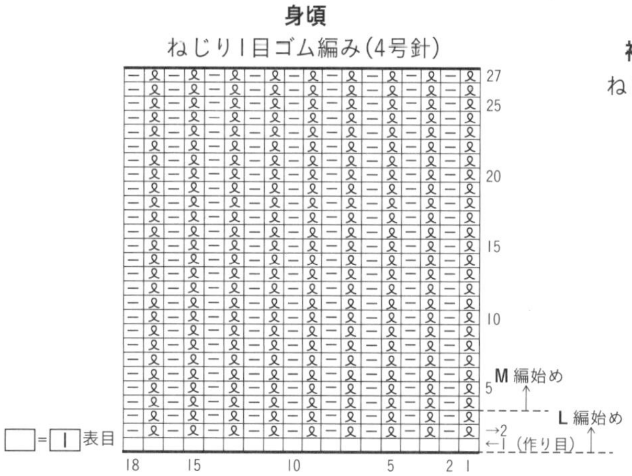


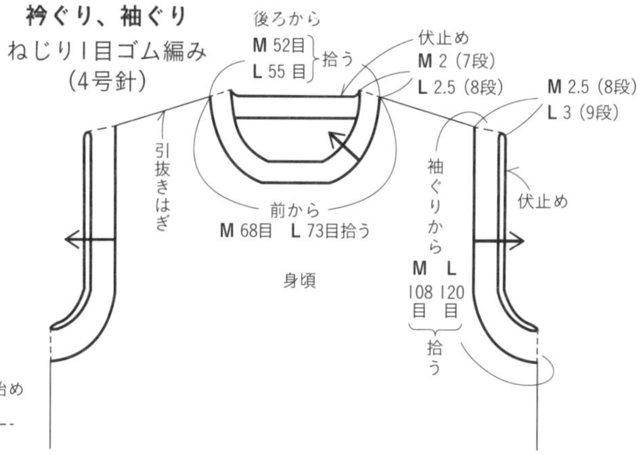

## 後ろ身頃の肩の引返しと衿ぐり

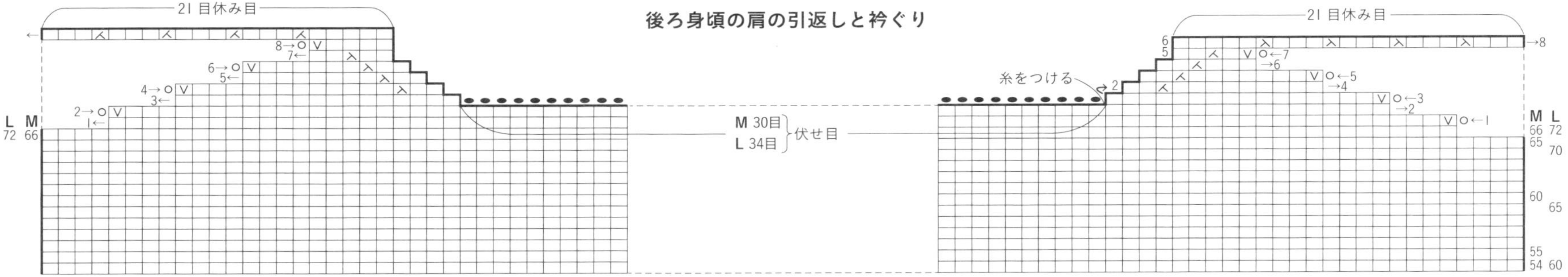


## 前後身頃
メリヤス編み(6号針)

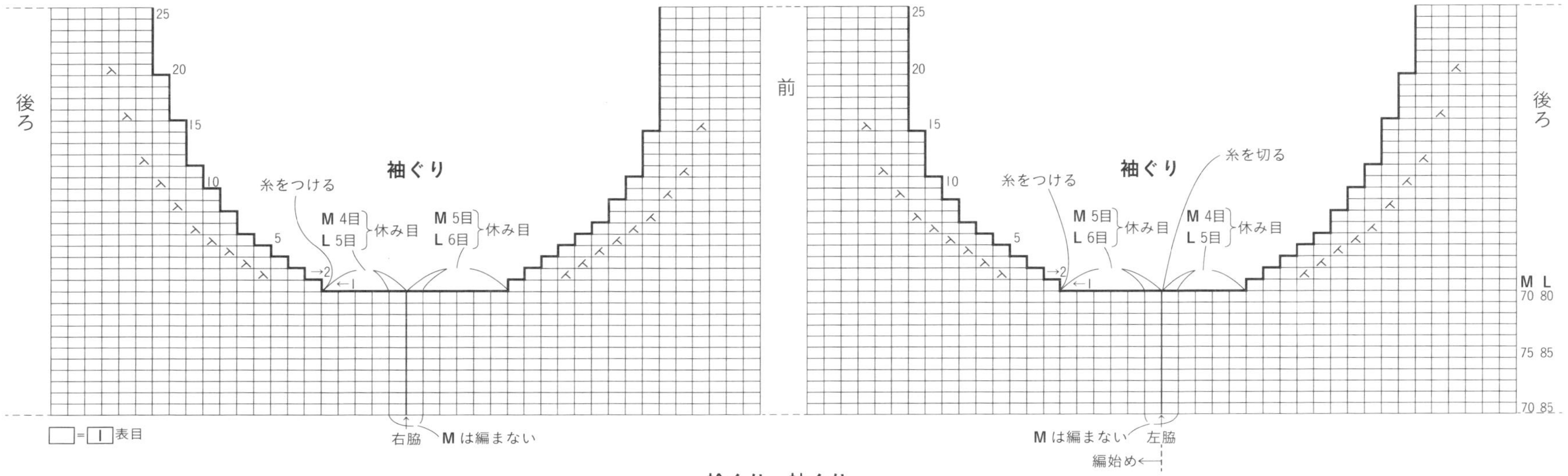


## 衿ぐり、袖ぐり
ねじり1目ゴム編み(4号針)

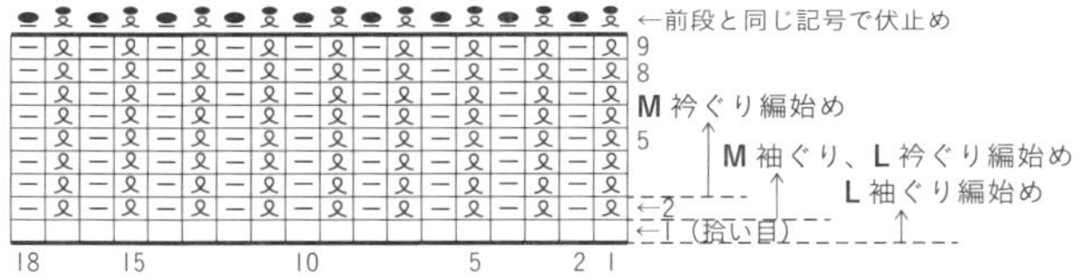

# P.29　イギリスゴム編みのレッグウォーマー

材料　[DARUMA] ランブイエメリノウール エバーグリーン(4)100g、グレープ(8)10g

用具　5号短5本棒針（マジックループの場合〈p.41を参照〉5号80cm輪針）

ゲージ　イギリスゴム編み 24目50段が10cm四方

寸法　足回り20cm、はき丈35cm

編み方

糸は1本どりで指定の配色で編みます。

エバーグリーンの糸で指で針にかける作り目（p.89「指でかける作り目親指側にかける糸を2本どりにする方法」を参照）で48目作り目をし、輪にします。続けてイギリスゴム編み（p.89を参照）で176段編みます。編終りはグレープの糸を1本足して2本どりにし、伏止め（p.40「伸びる伏止めの編み方」を参照）します。

同様にもう1足編みます。

ポイント

作り目、伏止めで2本どりにするのは、編み地の厚みとバランスをとるためです。段数よりも寸法を優先してはきやすいレッグウォーマーを作ってみてください。

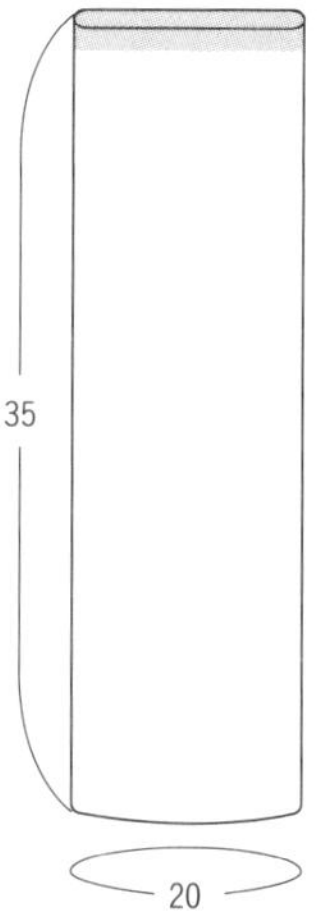


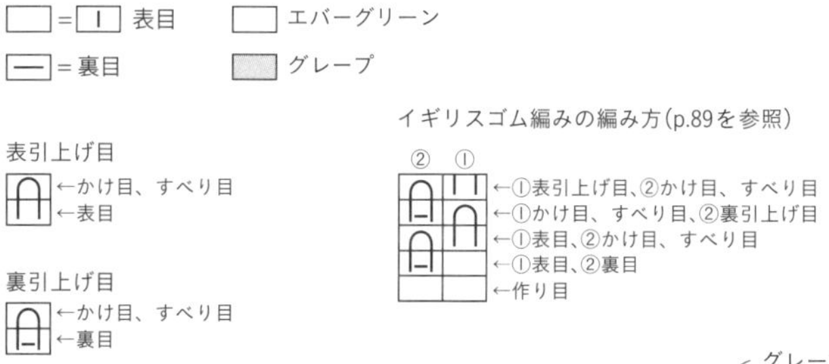


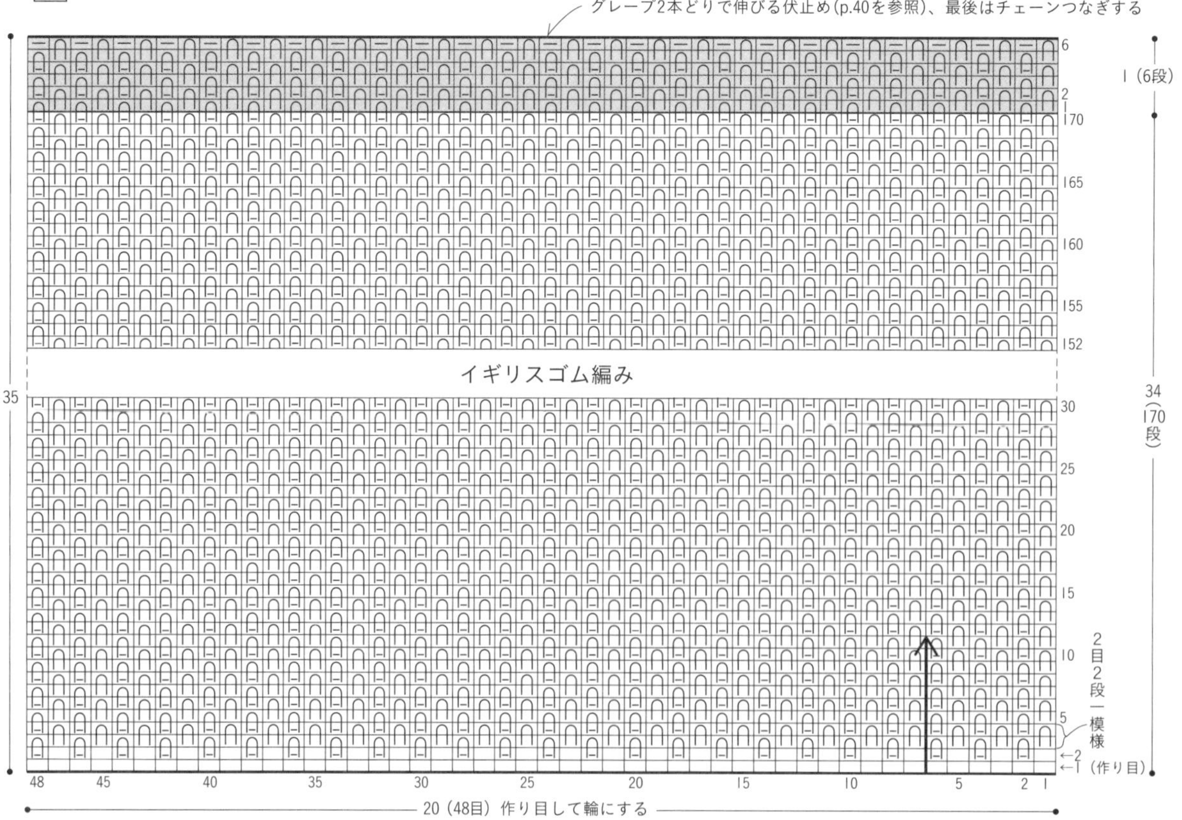

## 指でかける作り目　親指側にかける糸を2本どりにする方法

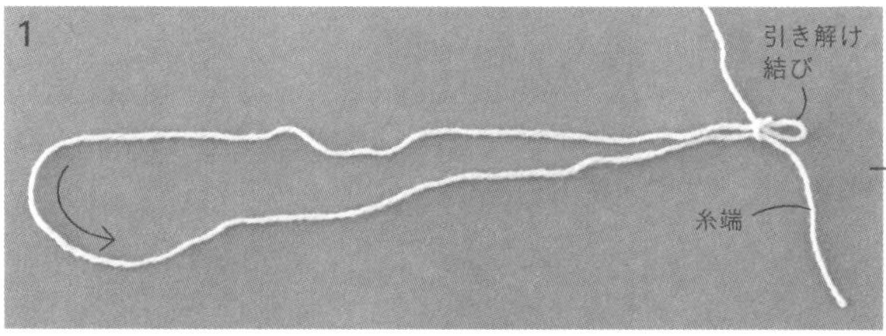


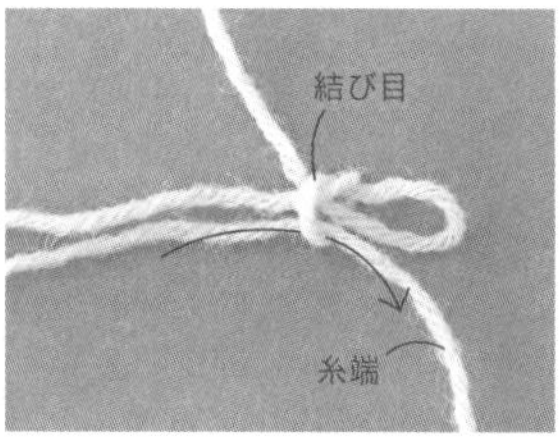


輪を作り、引き解け結びをする。糸端を結び目の中に入れ、結び目を締める

※糸端は二つ折りするので通常(出来上り寸法の約3倍)の長さの倍(作品は約1.2m)の長さを残して結ぶ

※引き解け結び＝「指でかける作り目」の始めの1目の方法

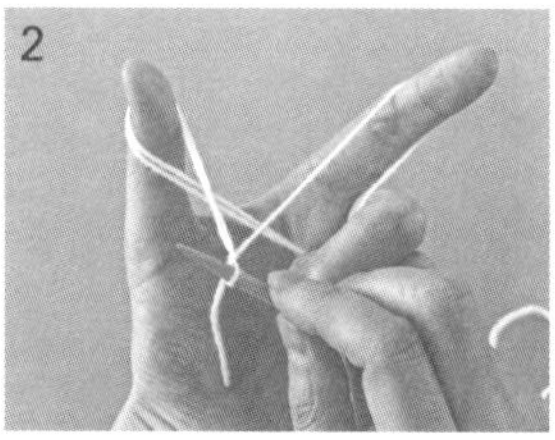


目に針を入れ指に糸をかける。親指側が2本どりになっている状態で「指でかける作り目」をする

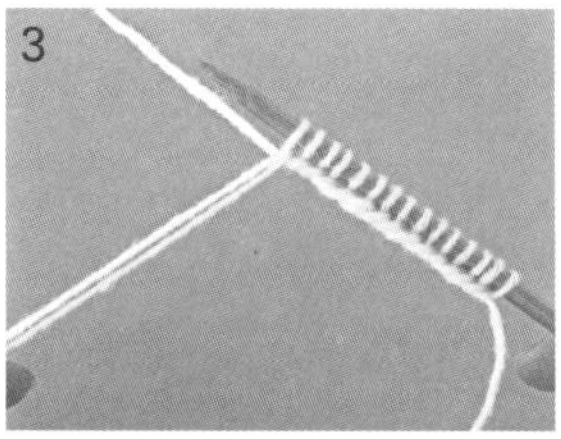


作り目した状態。2本どりにすることで作り目の端に厚みが出てしっかりする

## アメリカ式で編む場合の イギリスゴム編みの編み方

フランス式はp.88の記号図を参照して編みます。

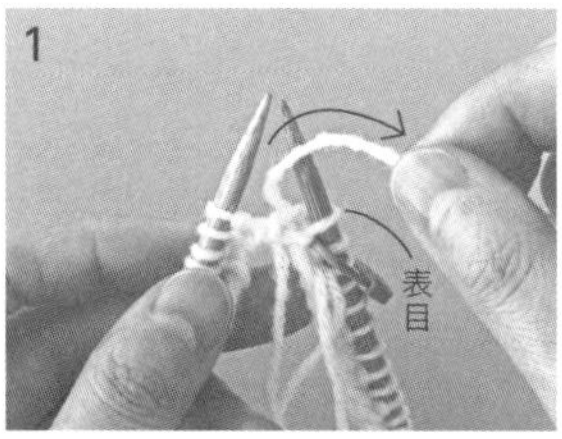


2段めまでp.88の記号図を参照し編む。3段めは段数マーカー(目数リング)を入れ、表目を1目編む。糸を手前側におく

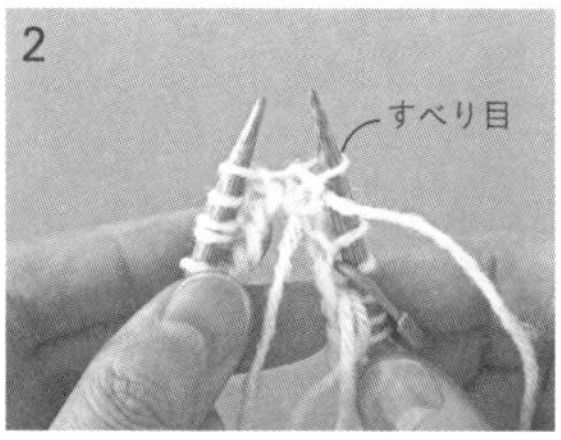


すべり目する

表目を1目編む

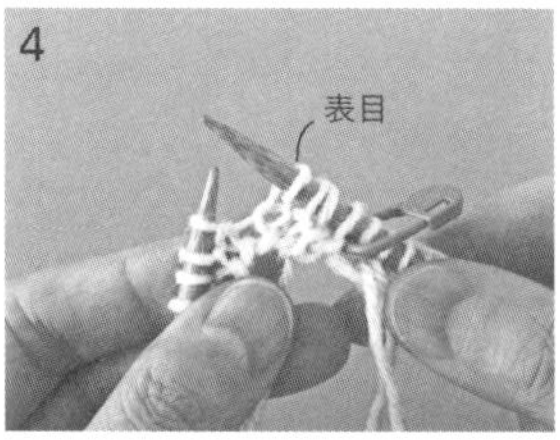


表目が編めた。1で手前側においた糸が自然と右針にかかり、かけ目のようになる。1〜3を繰り返す

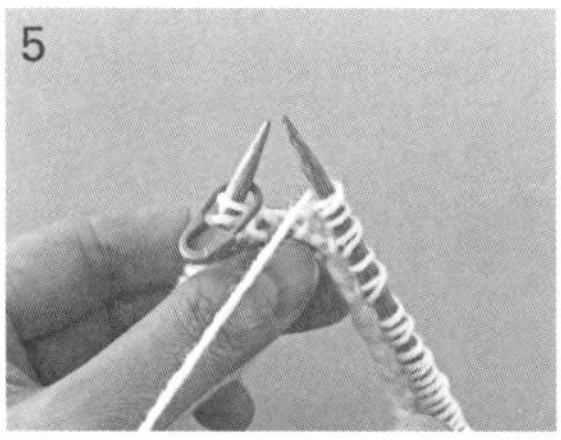


3段めの最後は糸を手前側におく

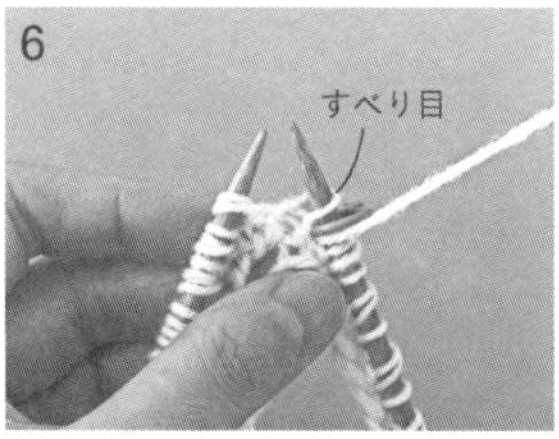


4段め。すべり目する

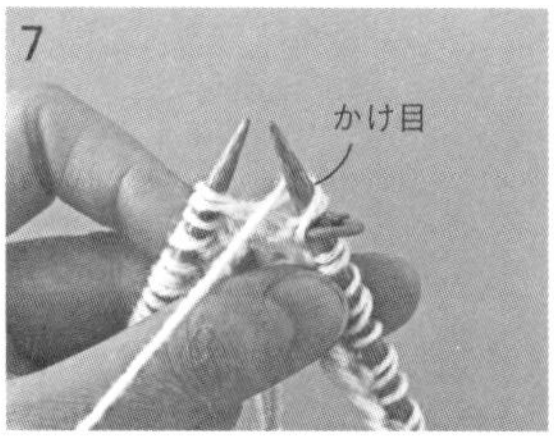


かけ目する

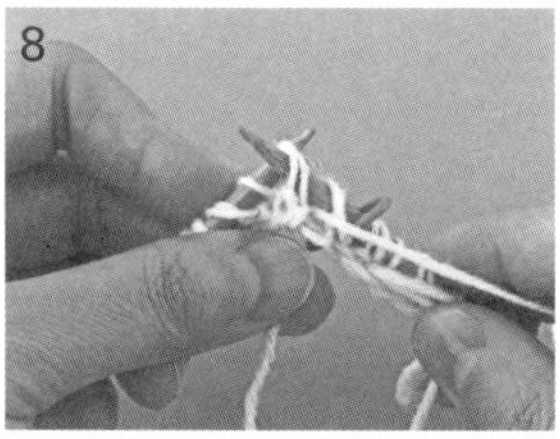


裏引上げ目を編む(この状態で裏目を編むと、自然に裏引上げ目になる)

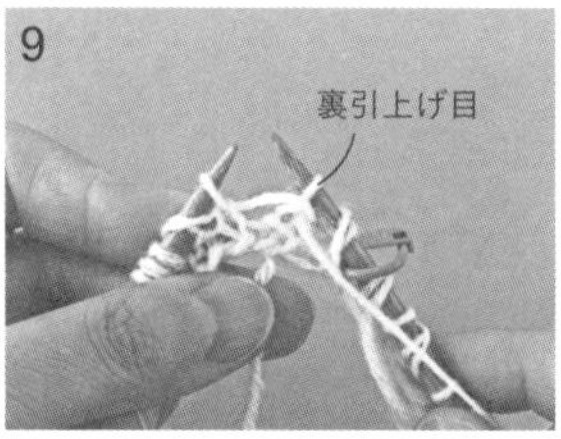


裏引上げ目が編めた。6〜8を繰り返す

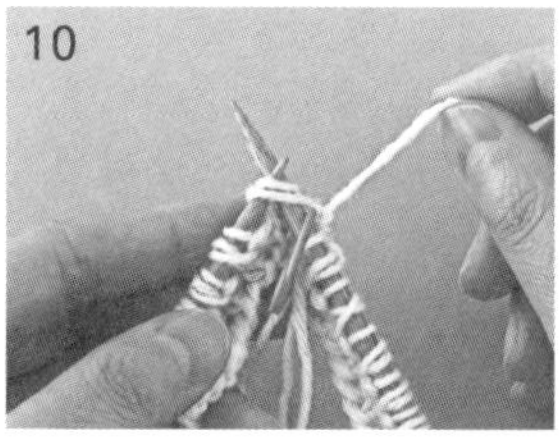


5段め。表引上げ目を編む(この状態で表目を編むと、自然に表引上げ目になる)

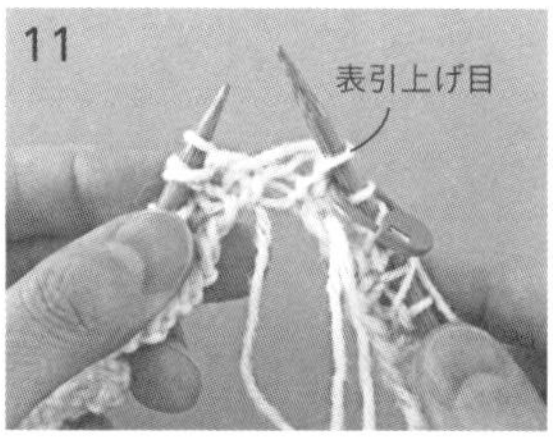


表引上げ目が編めた

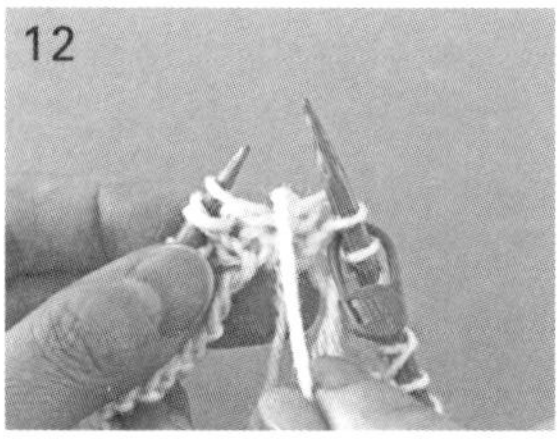


糸を手前側におく

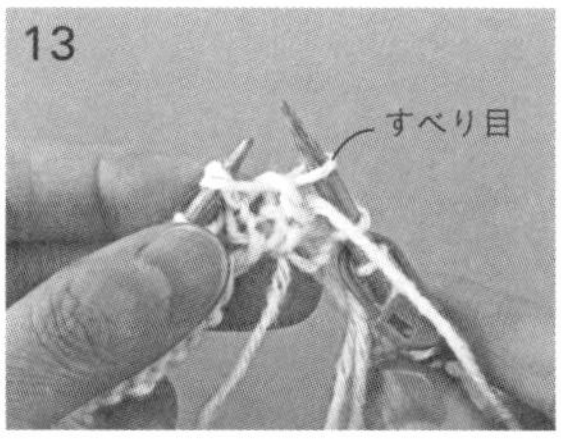


すべり目する

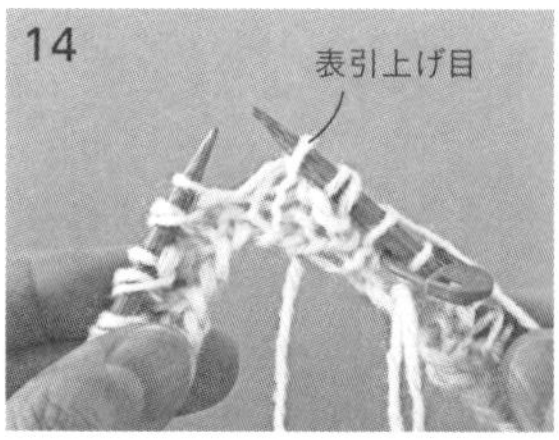


表引上げ目を編む。12〜14を繰り返す

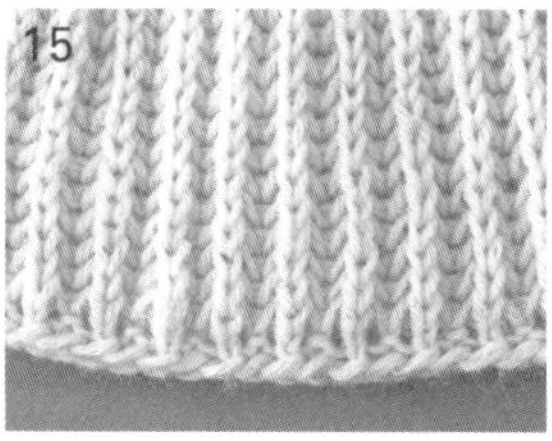


4、5段めを繰り返して編む。厚みのあるゴム編みが編める

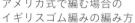

# 基本のテクニック

## 作り目

### [指で針にかける作り目]

1

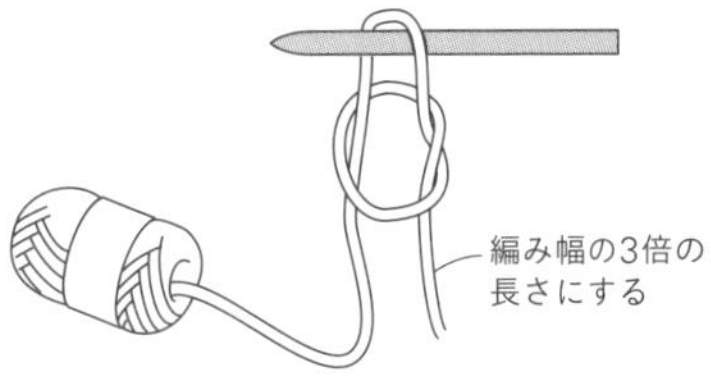


1目めを指で作って針に移し、糸を引く

2

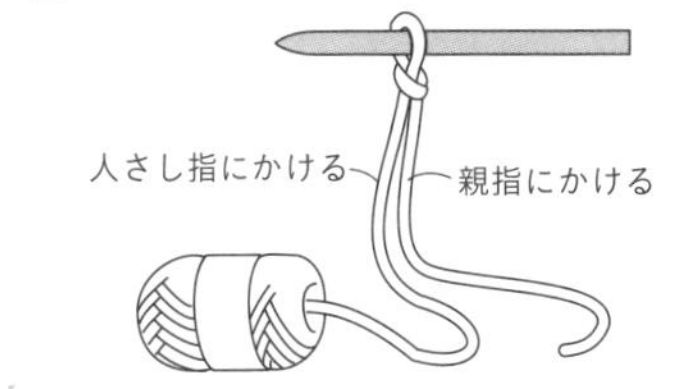


1目めの出来上り

3

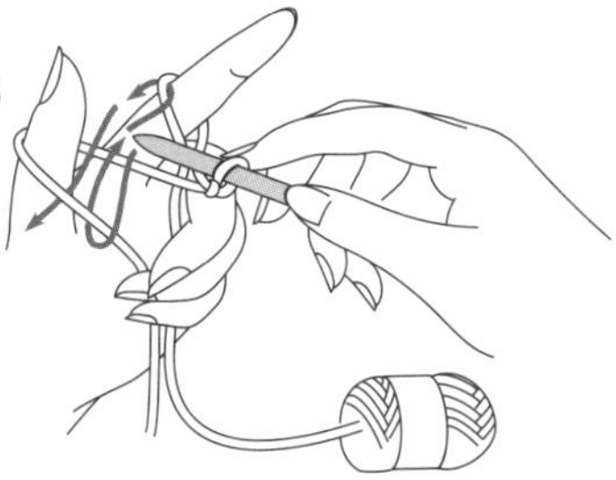

矢印のように針を入れて、かかった糸を引き出す

4

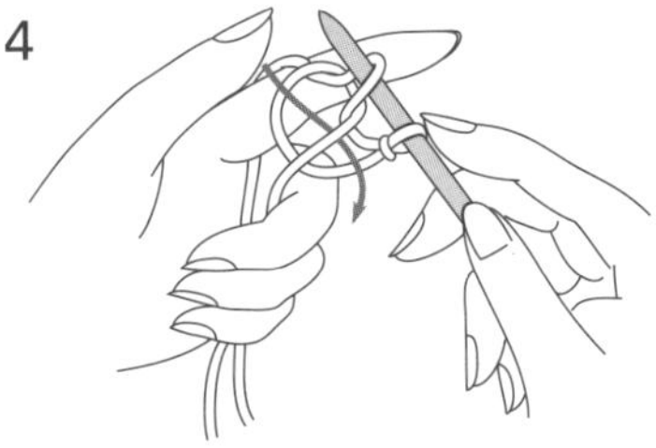

親指の糸をいったんはずし、矢印のように入れ直して目を引き締める

5

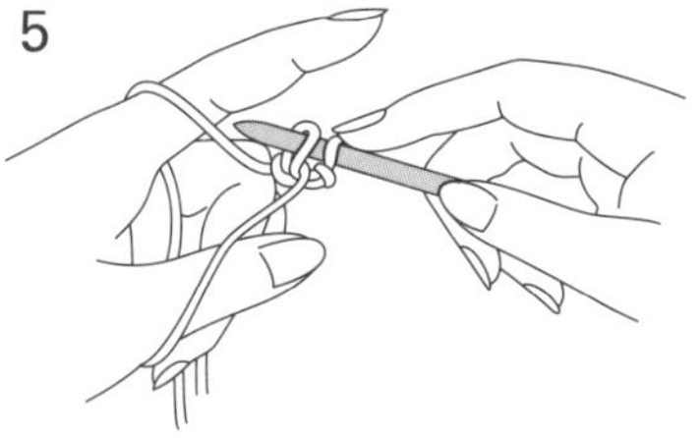

2目めの出来上り。**3〜5**を繰り返して必要目数を作る

6

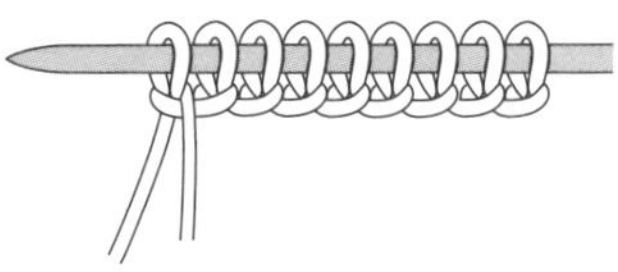

1段めの出来上り。この棒針を左手に持ち替えて2段めを編む

### [別鎖の裏山を拾う作り目]

1

編み糸に近い太さの木綿糸で鎖編みをする

2

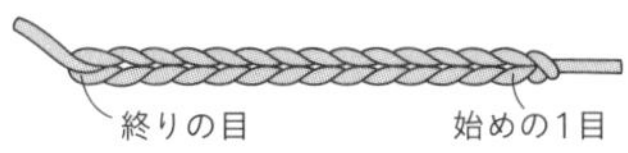


ゆるい目で必要日数の2、3目多く編む

3

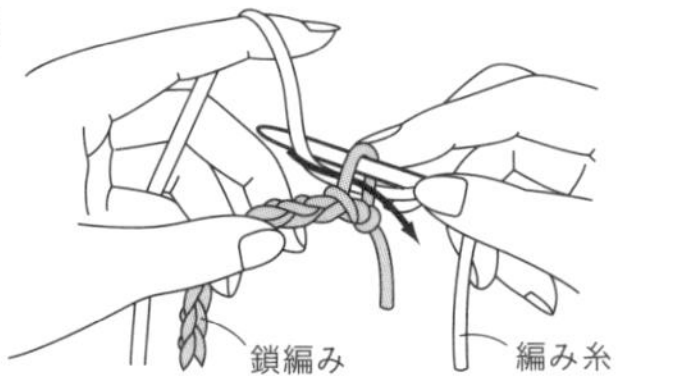


鎖の編始めの裏山に針を入れ、編み糸で編む

4

必要数の目を拾っていく。これを1段と数える

## 編み目記号と編み方

### 表目(表編み)

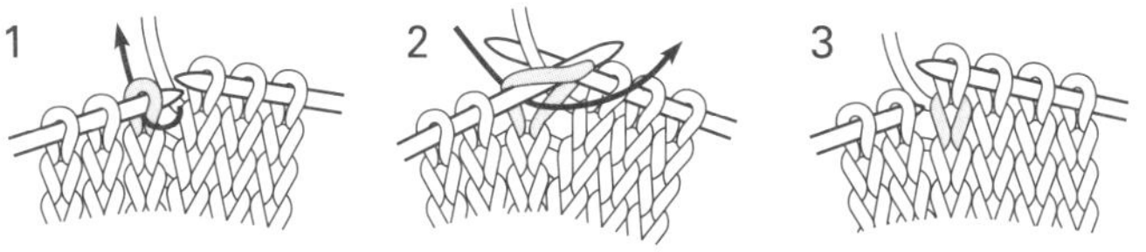

1 糸を向う側におき、手前から右針を左針の目に入れる

2 右針に糸をかけ、矢印のように引き出す

3 引き出しながら、左針から目をはずす

### 裏目(裏編み)

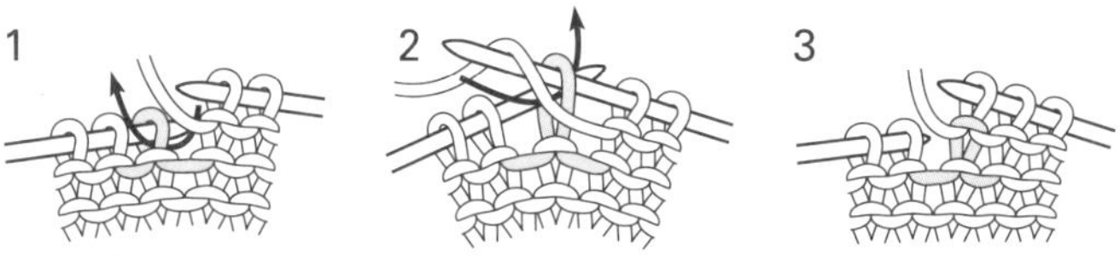

1 糸を手前におき、向う側から右針を左針の目に入れる

2 右針に糸をかけ、矢印のように引き抜く

3 引き出しながら、左針から目をはずす

### 左上2目一度

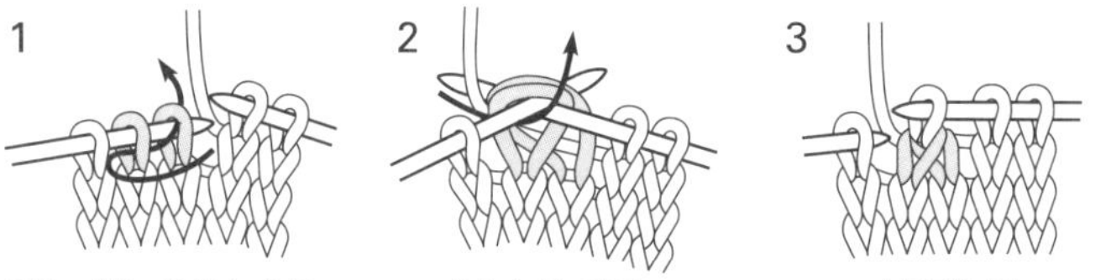

1 2目一緒に手前から針を入れる

2 糸をかけて編む

3 1目減し目

### かけ目

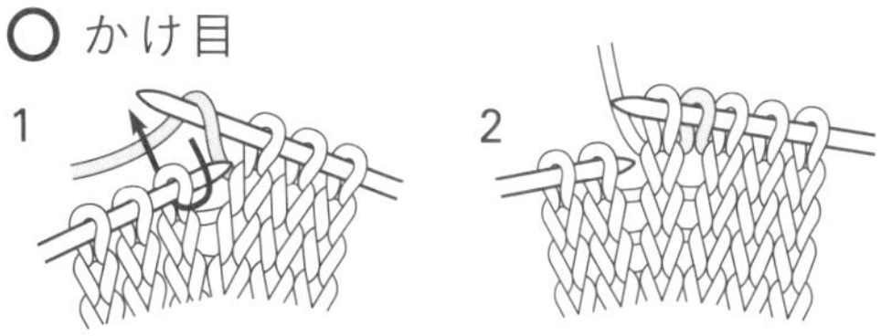

1 糸を手前からかけ、次の目を編む

### ねじり目(右上ねじり目)

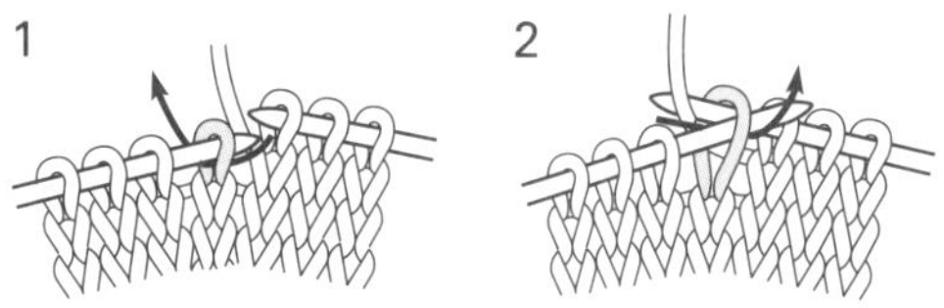

1 向う側から針を入れる

2 糸をかけて編む

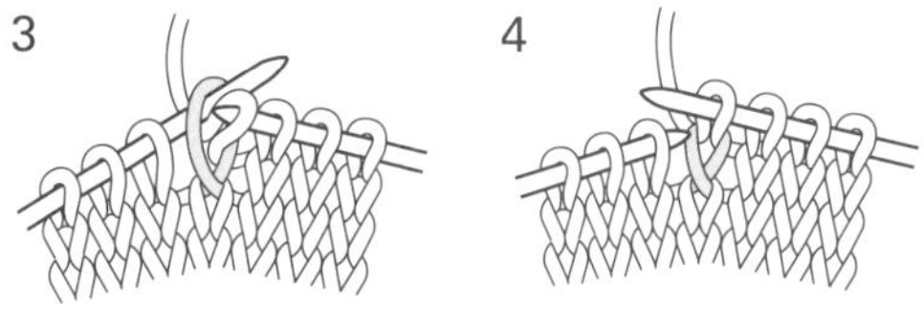

### 右上2目一度

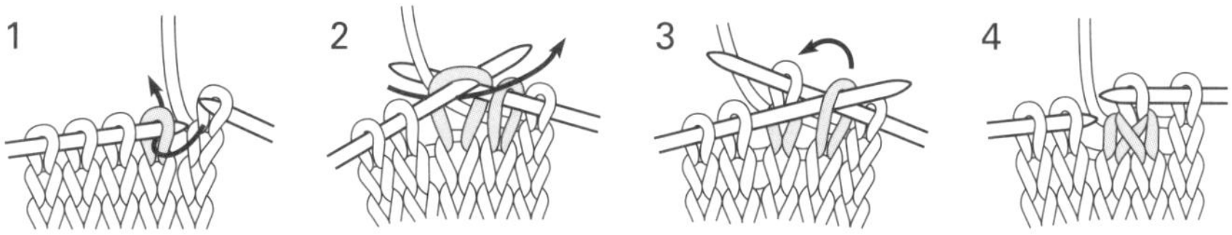

1 編まずに手前から針を入れて右針に移す

2 次の目を編む

3 移した目を編んだ目にかぶせる

4 1目減し目

### 左上2目一度(裏目)

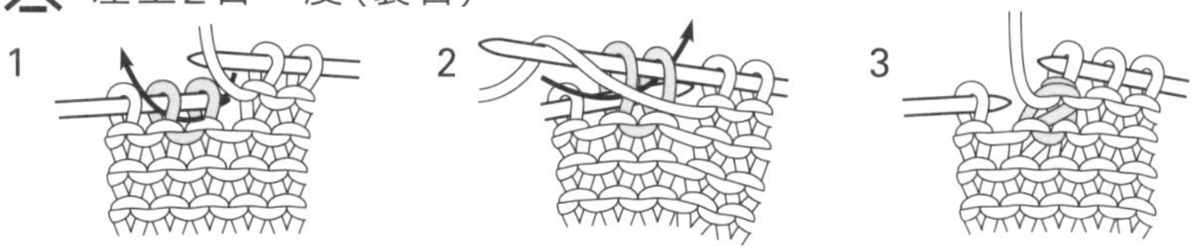

1 2目一緒に向う側から針を入れる

2 糸をかけて裏目を編む

3 1目減し目

### 右上2目一度(裏目)

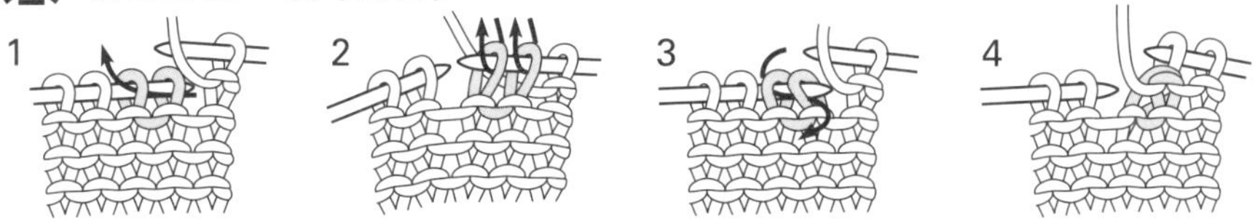

1 右針を2目一緒に向う側から入れて移す

2 左針を矢印のように入れ、目の向きを変えて左針に戻す

3 2目一緒に向う側から針を入れ、糸をかけて裏目を編む

4 1目減し目

### ねじり目(左上ねじり目)

右針を手前から入れ、編まずに移して目の向きを変えて左針に戻し、表目と同様に編む

### ねじり目(裏目)

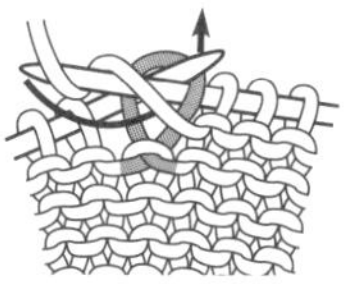

向う側から針を入れ、裏目と同様に編む

## 中上3目一度

1

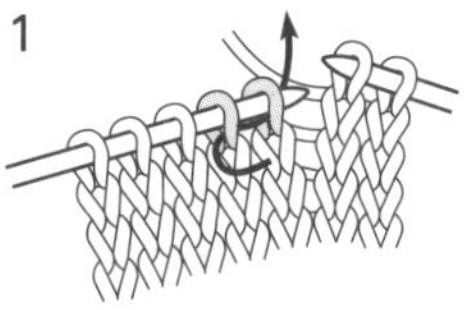

2目一緒に手前から右針を入れ、編まずにそのまま右針へ移す

2

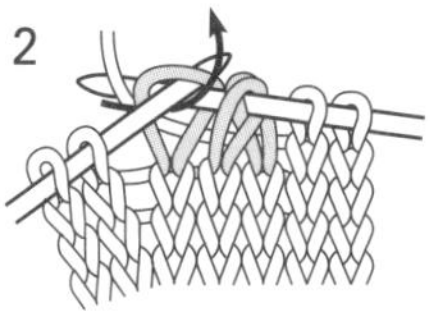

次の目を編む

3

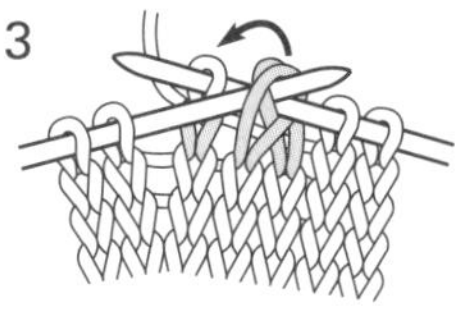

編んだ目に移した2目をかぶせる

4

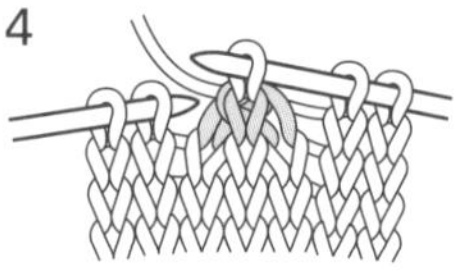

2目減し目

## 巻き目

1

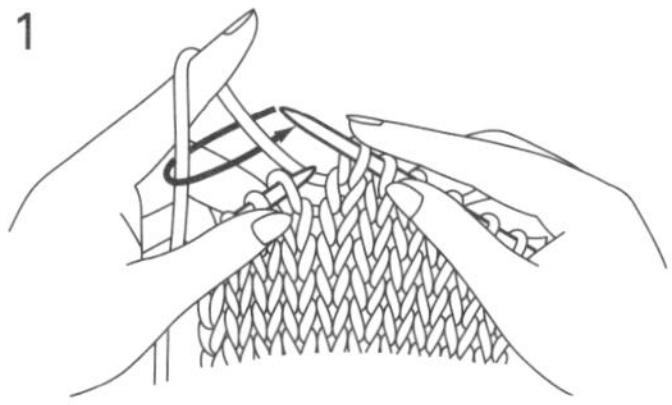

針に糸を巻きつけて目を増す

2

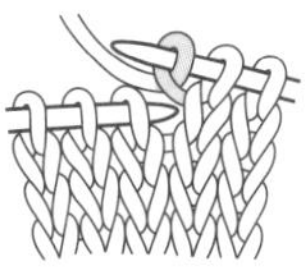

3

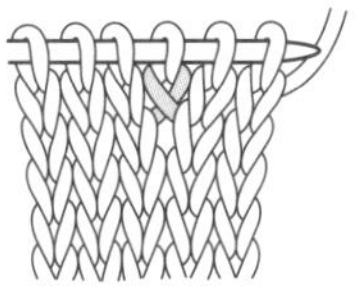

## [渡り糸をねじって増し目をする方法]

1

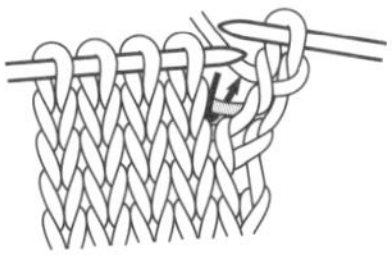

渡り糸を左針で矢印のようにすくってねじり目で編む

2

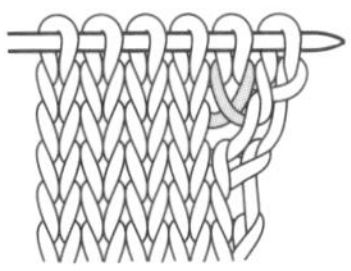

目と目の間に1目増えた

## 3 編出し増し目

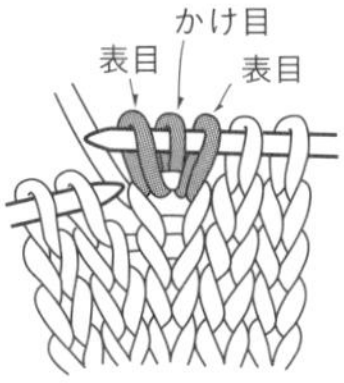


1目から、表目、かけ目、表目を編み出す

## すべり目

1

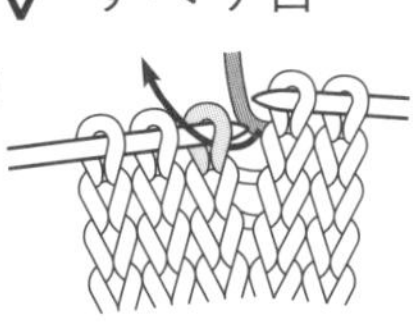

糸を向う側におき、編まずに1目右針に移す

2

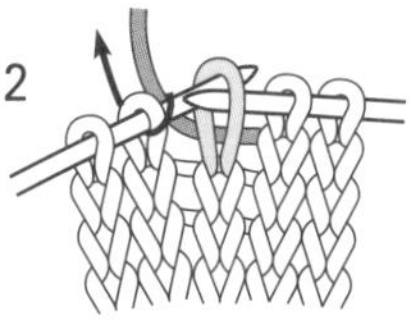

次の目を編む

3

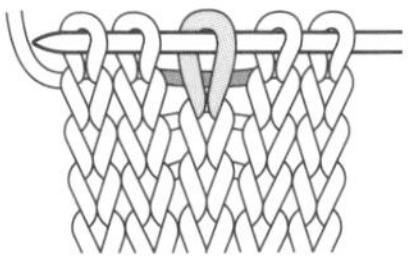

## 右上1目交差

1

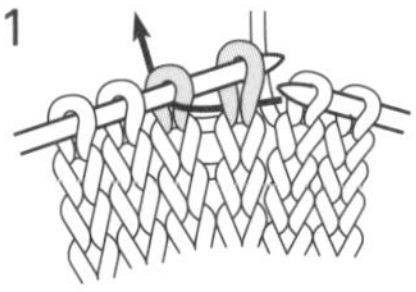

後ろを通って1目とばし、次の目に針を入れる

2

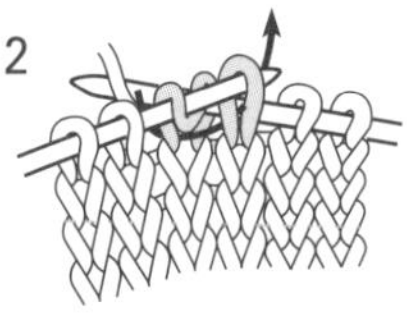

糸をかけて編む

3

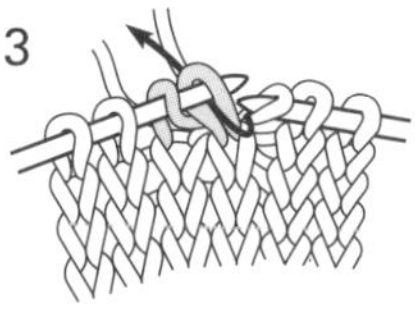

とばした目を編む

4

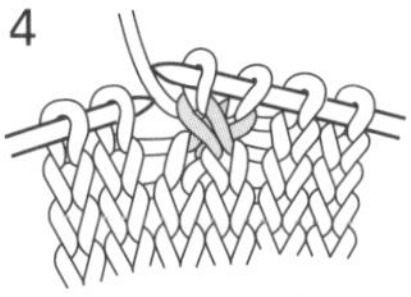

## 左上1目交差

1

前を通って1目とばし、次の目に針を入れる

2

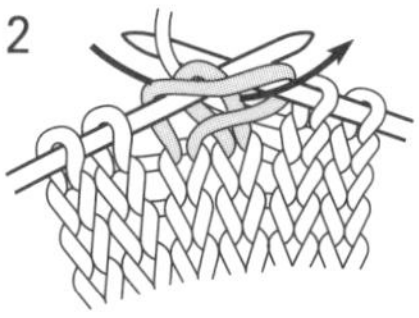

糸をかけて編む

3

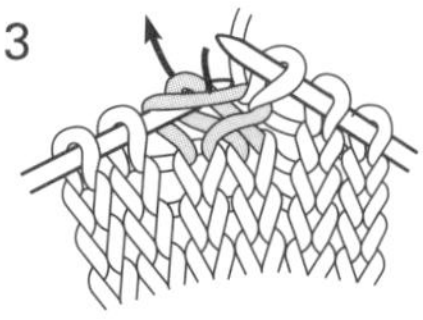

とばした目を編む

4

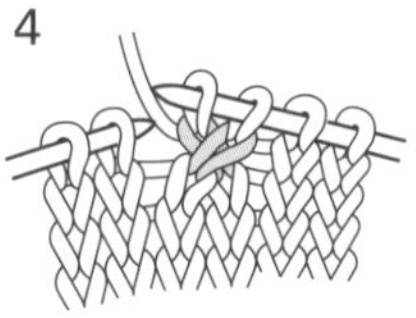

## 右上2目交差

1

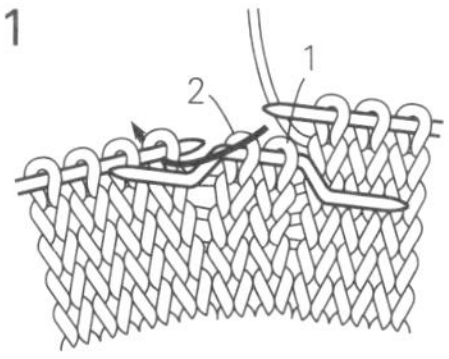


1、2の目を別針に移して手前
におく

2

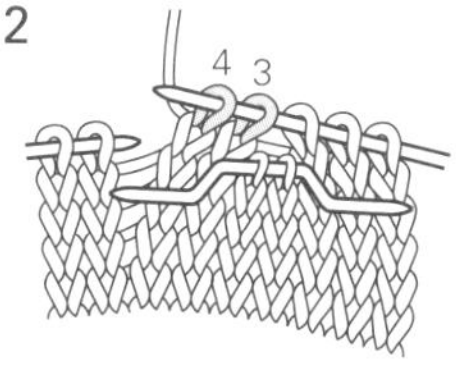


3、4の目を編む

3

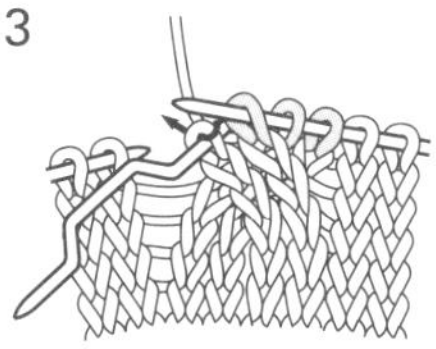

別針の1、2の目を編む

4

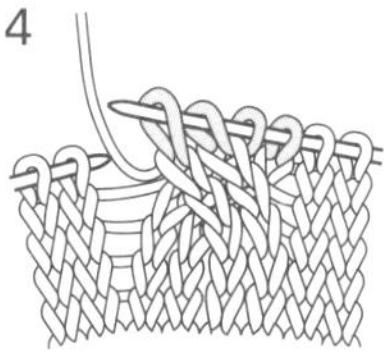

## 左上2目交差

1

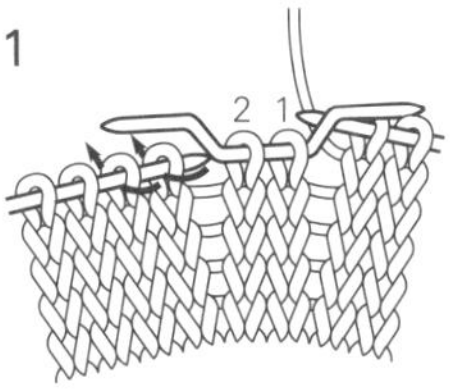


1、2の目を別針にとる

2

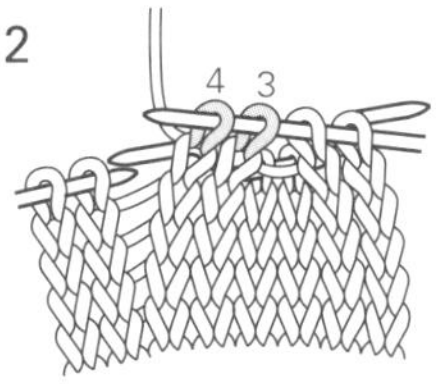


別針を向う側におき、3、4の
目を編む

3

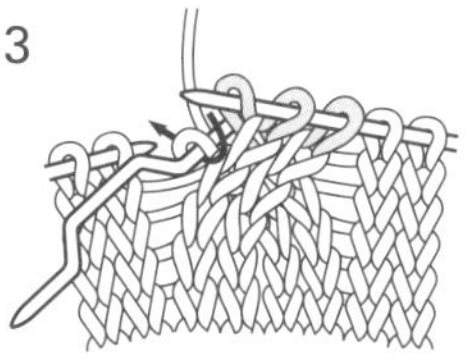

別針の1、2の目を編む

4

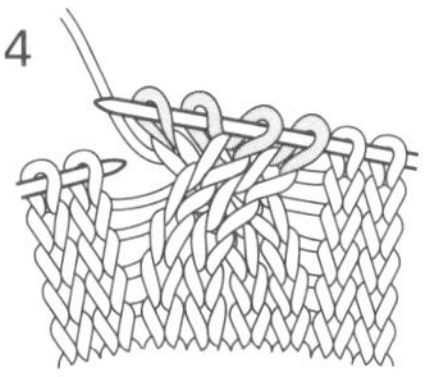

## [編込み模様の糸の替え方]

1

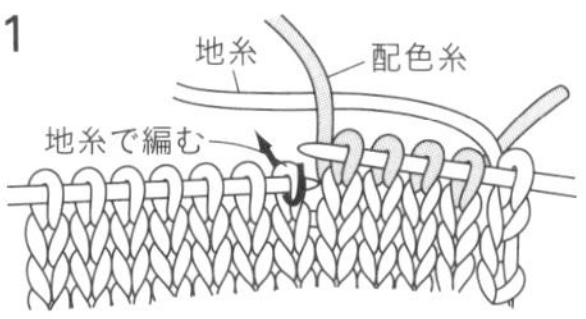


配色糸を上にして、地糸で編む

2

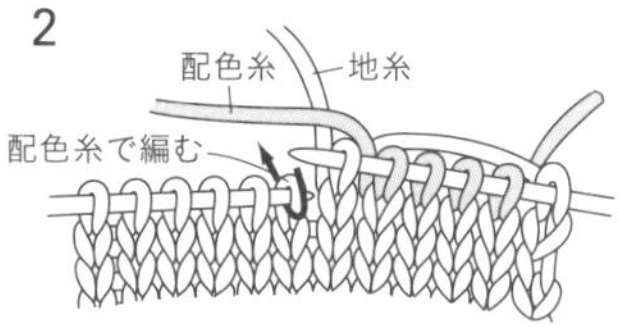


配色糸を地糸の上にして替える

## [編み残す引返し編み]

○左側

1

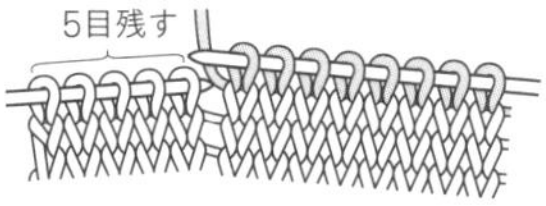


引返し編みの手前まで編む

2

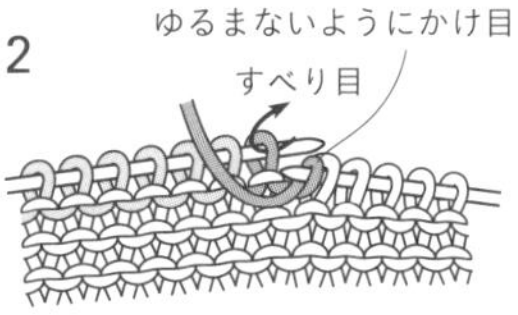


編み地を持ち替えて、かけ目、
すべり目をする

3

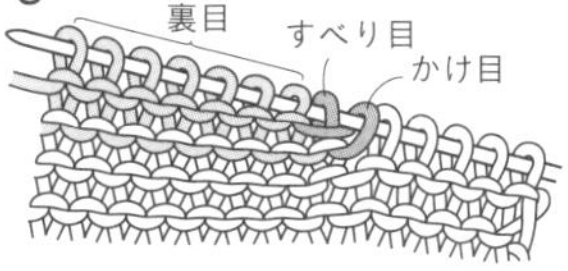


裏目を編む

○右側

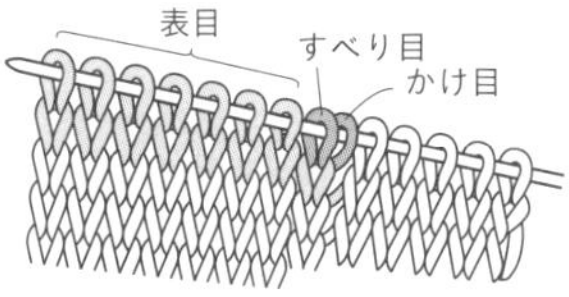


引返し編みの手前まで編む。編
み地を持ち替え、かけ目、すべ
り目をする。表目を編む

### 段消し

編み残す引返し編みが終わったら、かけ目の処理をしながら1段編む(段消し)。
裏目で段消しをするときは、かけ目と次の目を入れ替えて編む

○左側

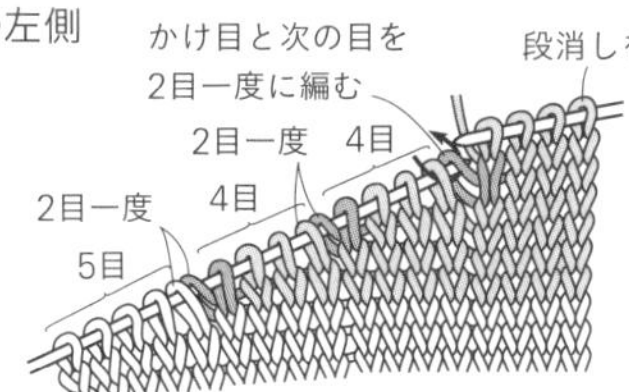


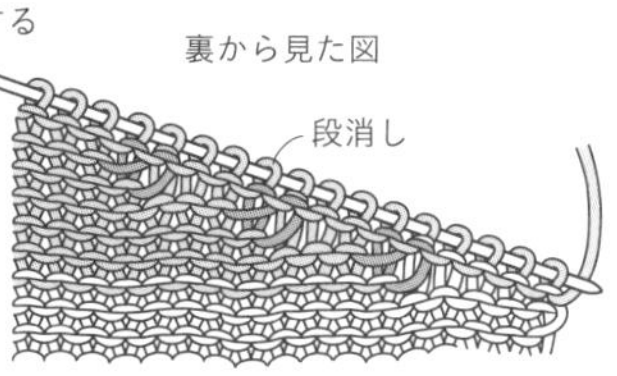


○右側

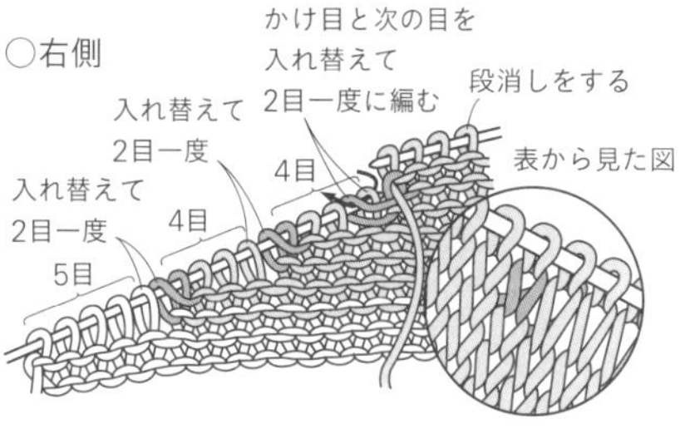

## 止め

### [伏止め]

#### ● 表目

1

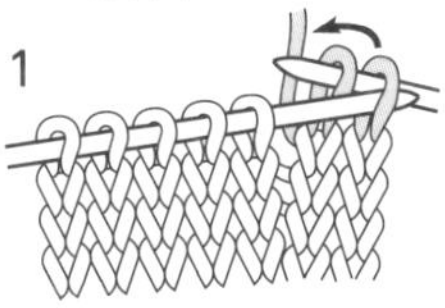

2目表編みし、右の目を左の目にかぶせる

2

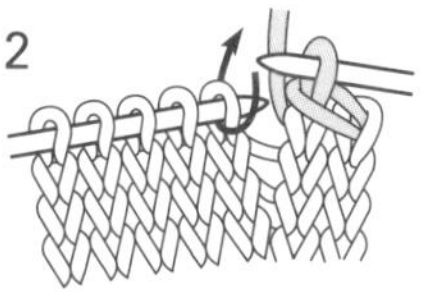

次の目を表編みし、右の目を左の目にかぶせる

3

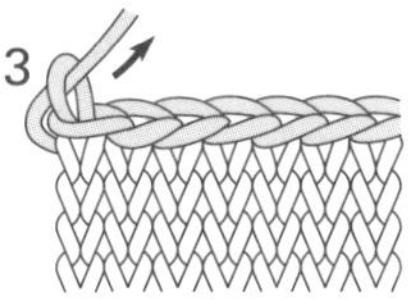

最後の目に糸端を通して目を引き締める

#### ● 裏目

1

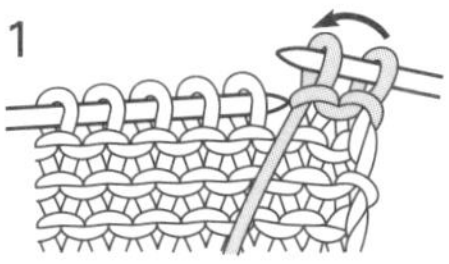

2目裏編みし、右の目を左の目にかぶせる

2

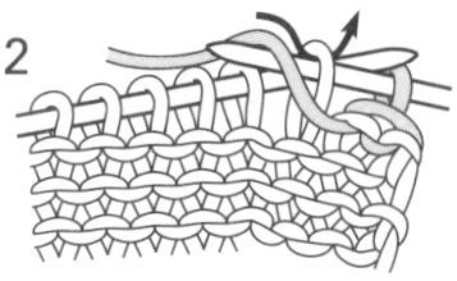

次の目を裏編みし、右の目を左の目にかぶせる。最後は表目の**3**の工程と同様に糸端を目に通して引き締める

### [1目ゴム編み止め(往復編み)]

1

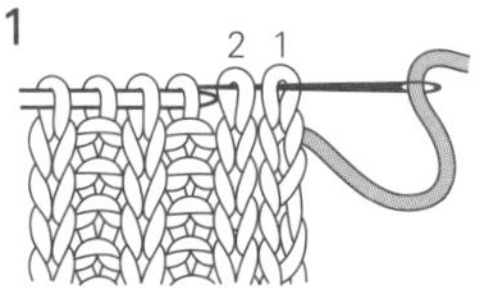


1の目は手前から、2の目は向う側から針を入れる

2

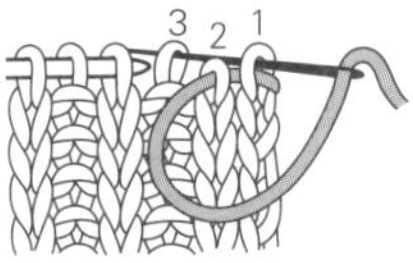


2の目をとばして、1と3の目に手前から入れる

3

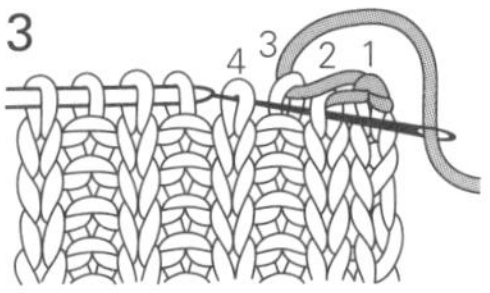


3の目をとばして、2と4の目(表目)に針を入れる

4

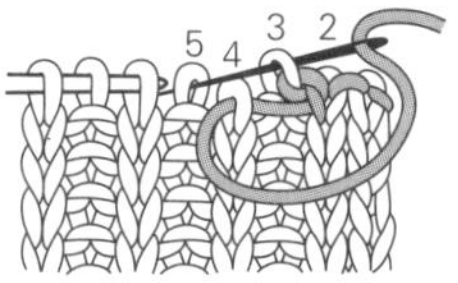


4の目をとばして、3と5の目(裏目)に針を入れる。**3**、**4**を繰り返す

### [1目ゴム編み止め(輪編み)]

1

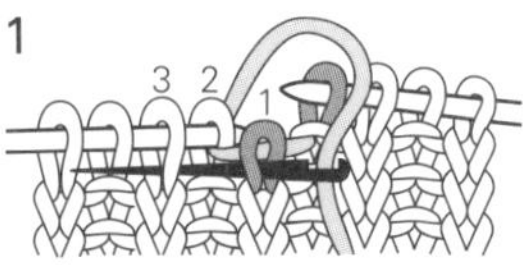


1の目をとばして2の目の手前から針を入れて抜き、1の目に戻って手前から針を入れ、3の目に出す

2

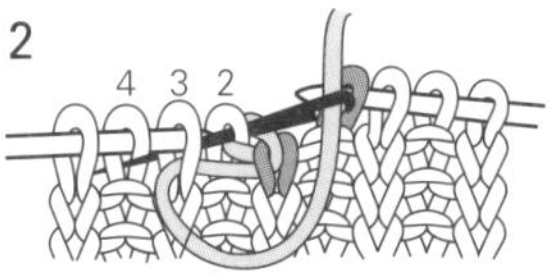


2の目に戻って向う側から針を入れ4の目の向う側へ出す。これ以降は表目どうし、裏目どうしに針を入れていく

3

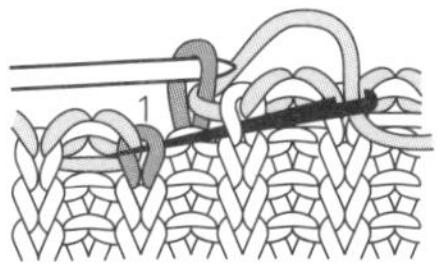


編終り側の表目に手前から針を入れて1の目に針を出す

4

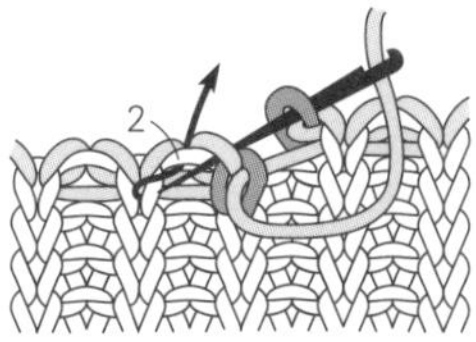


編終りの裏目に向う側から針を入れ、図のようにゴム編み止めした糸をくぐり、さらに矢印のように2の裏目に抜く

5

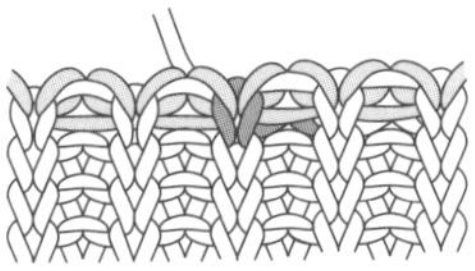

止め終わった状態

### [2目ゴム編み止め(輪編み)]

1

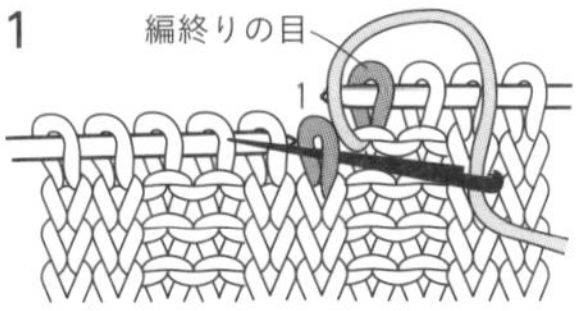


1の目に向う側から針を入れる

2

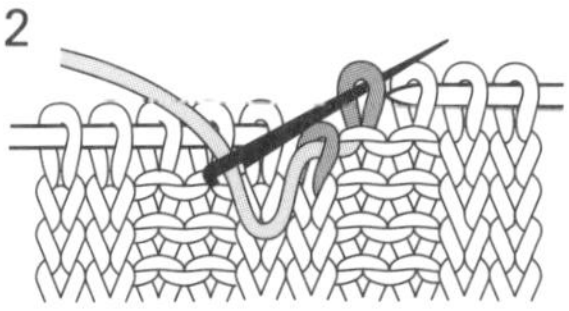

編終りの目に手前から針を入れる

3

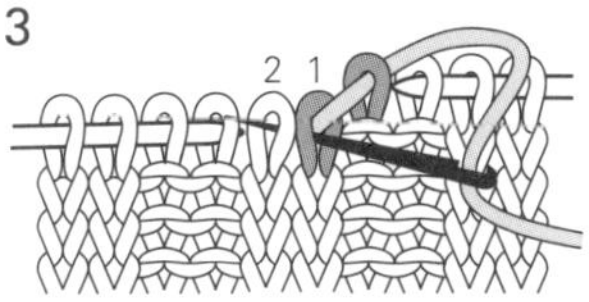


1、2の目に図のように針を入れて出す

4

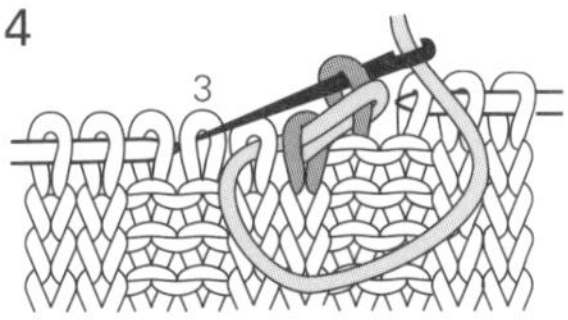


編終りの裏目に向う側から針を入れ、1、2の2目をとばして3の目の手前から針を入れる

5

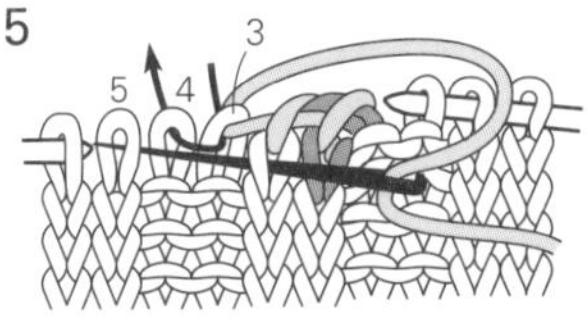


2の目に戻って、3、4の2目をとばして5の目に針を出す。次に3、4に針を入れる。**3〜5**を繰り返す

6

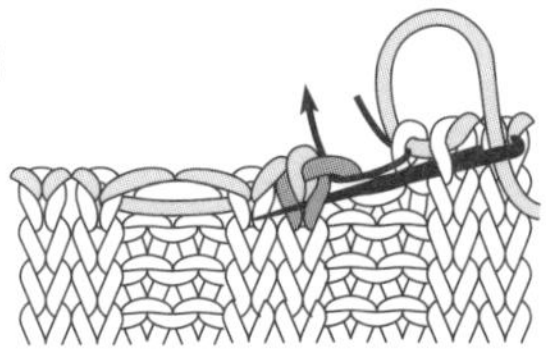

編終り側の表目と編始めの表目に針を入れ、最後は裏目2目に矢印のように針を入れて引き抜く

## はぎ、とじ

### [メリヤスはぎ]

1

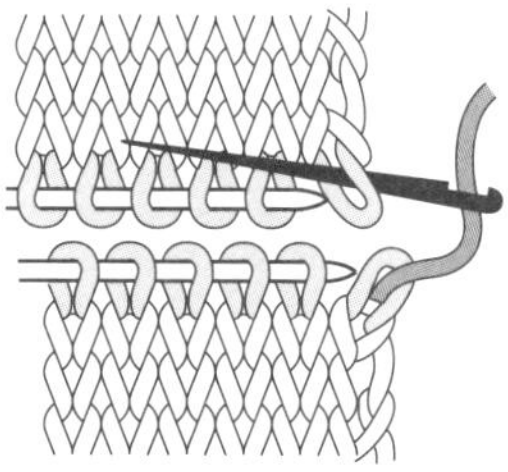

下の端の目から糸を出し、上の端の目に針を入れる

2

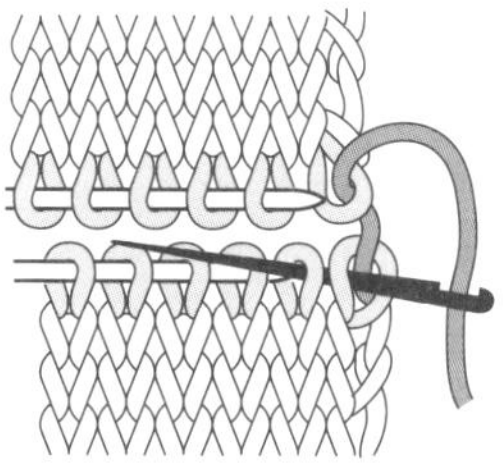

下の端の目に戻り、図のように針を入れる

3

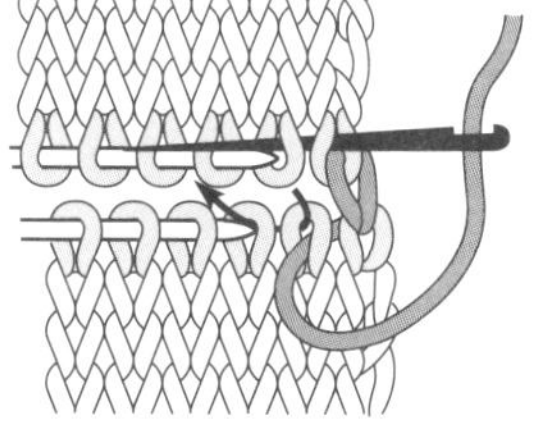

図のように上の端の目と次の目に針を入れ、さらに矢印のように続ける

4

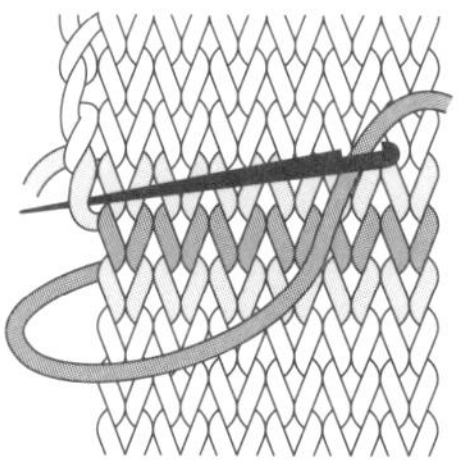

**2**、**3**を繰り返し、最後の目に針を入れて抜く

### [引抜きはぎ]

1

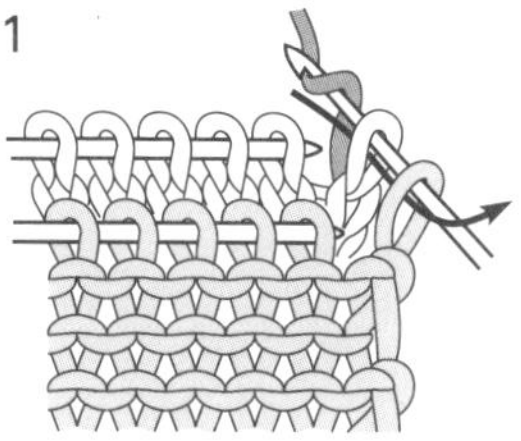

2枚の編み地を中表にして、端の目2目を引き抜く

2

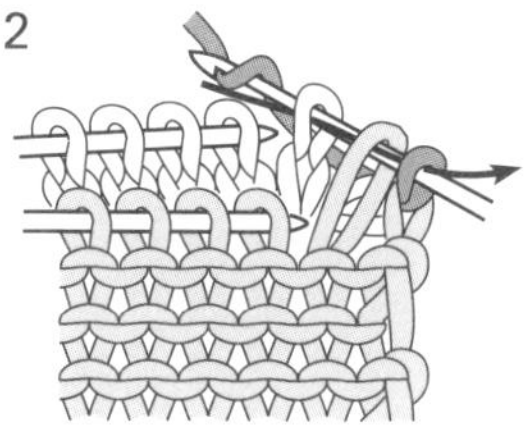

引き抜いた目と次の目2目を引き抜く

3

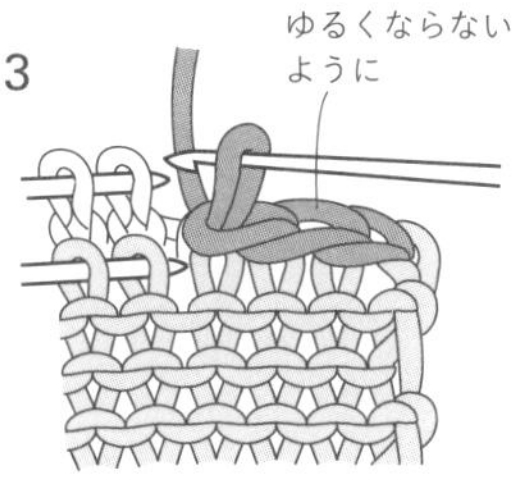


**2**を繰り返す

### [段と目のはぎ]

1

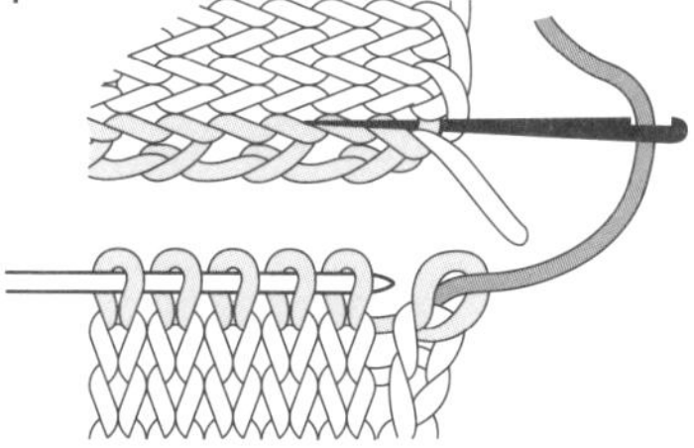

上の段の端の目と2目めの間に針を入れ、糸をすくう

2

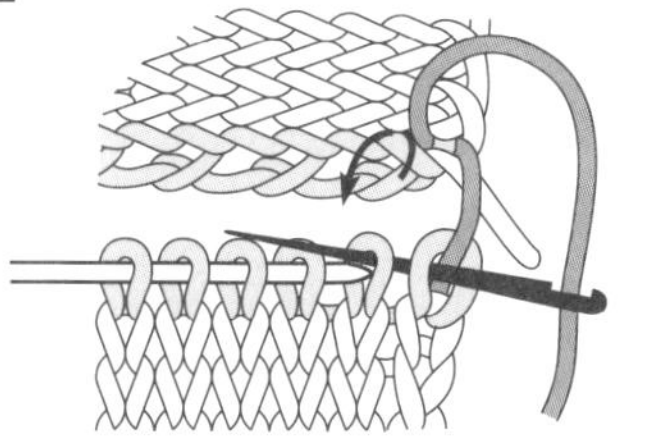

下の段はメリヤスはぎの要領で針を入れていく

3

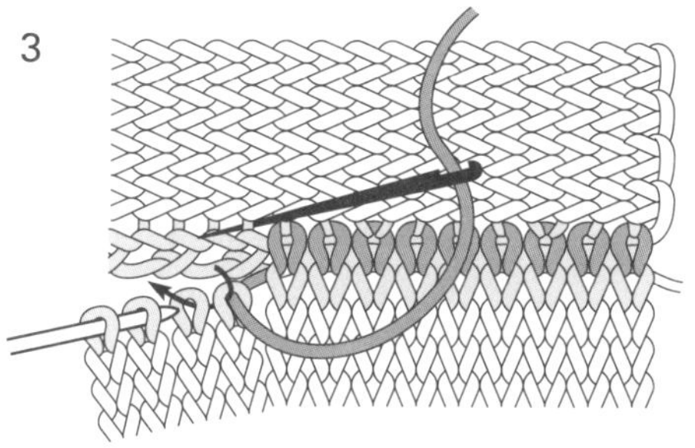

編み地はふつう､段数のほうが目数より多いため、その差を平均に振り分け、1目に対して2段すくっていく

### [引抜きとじ]

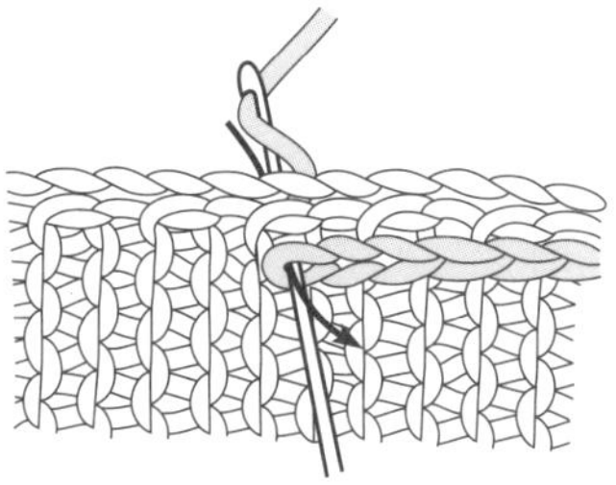

編み地を中表に合わせ､目の間に針を入れる。糸を針にかけて引き抜く

### [すくいとじ]

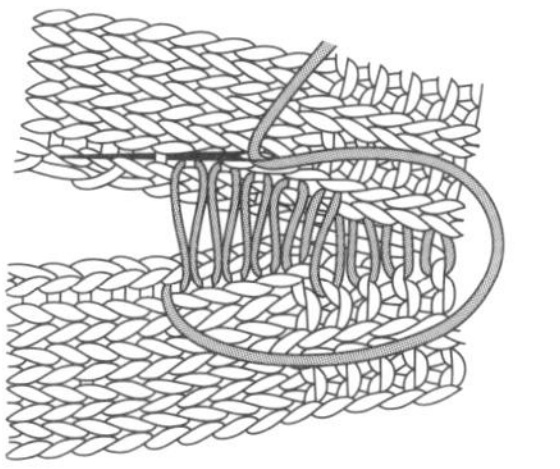

1目めと2目めの間の渡り糸を1段ずつ交互にすくう。半目のすくいとじの場合は、半目内側の渡り糸をすくう

ブックデザイン　葉田いづみ
撮影　山口 明
撮影(p.2-3)　那須早苗
プロセス撮影　安田如水(文化出版局)
スタイリング　串尾広枝
ヘア&メイク　扇本尚幸
モデル　ゆり子
製作協力　片山佳代、小林知子、髙橋夕起子、田中恵子、富永紀子、村尾眞理子
作り方解説、トレース　田中利佳
DTPオペレーション　文化フォトタイプ
校閲　向井雅子
編集　小山内真紀
大沢洋子(文化出版局)

文化出版局書籍課のYouTubeチャンネルにて
「那須早苗のポイントレッスン」動画公開中
https://www.youtube.com/@Books-Bunka

# あみものノート

2023年 9月30日　第1刷発行

著　者　那須早苗
発行者　清木孝悦
発行所　学校法人文化学園 文化出版局
〒151-8524
東京都渋谷区代々木3-22-1
電話 03-3299-2489(編集)
03-3299-2540(営業)
印刷・製本所　株式会社文化カラー印刷



文化出版局のホームページ　https://books.bunka.ac.jp/

◎ 素材と道具提供

ダイドーフォワード パピー
東京都千代田区外神田3-1-16ダイドーリミテッドビル3F
tel 03-3257-7135　http://www.puppyarn.com

横田・DARUMA
大阪市中央区南久宝寺町2-5-14　tel 06-6251-2183
http://www.daruma-ito.co.jp/

アヴリル
京都市左京区一乗寺高槻町20-1　tel 075-724-3550
https://www.avril-kyoto.com/

ディー・エム・シー　ROWAN
東京都千代田区神田紺屋町13 山東ビル 7F
tel 03-5296-7831
https://www.dmc.kk.com/rowan/

クロバー　https://clover.co.jp
クロバーラボ(なわあみ針、棒針キャップ、段数マーカー)
https://labo.clover.co.jp/

◎ 衣装協力

ANTIPAST
tel 03-6415-5067
p.20 タートルネックニット、p.27 リブニット

HAND ROOM WOMEN'S　tel 03-3481-8347
p.5 シャツ、パンツ、p.8 パンツ、p.17 パンツ、p.18 スウェット、p.22 ロングシャツ、パンツ

fruits of life
https://fruitsoflife.net/
p.8 ブラウス、p.14 ブラウス、パンツ、p.22 ミュール、p.28 ブラウス、パンツ

PLAIN PEOPLE 青山　tel 03-6419-0978
p.11 スカート、p.24 カットソー、パンツ、p.28 タートルネックニット

プリュス バイ ショセ
tel 03-3716-2983
p.12、17、20、24の靴(chausser)